AF243353

LE DIVORCE

ET LA

SÉPARATION DE CORPS

HISTOIRE — LÉGISLATION
DÉBATS PARLEMENTAIRES — JURISPRUDENCE
DOCTRINE — PROCÉDURE
DROIT INTERNATIONAL — FORMULES

PAR

HENRI COULON

AVOCAT A LA COUR DE PARIS

TOME PREMIER

I. — Le Divorce et la Séparation de corps dans l'histoire.
II. — Législation du Divorce et de la Séparation de corps
en France.

PARIS

MARCHAL et BILLARD, IMPRIMEURS-ÉDITEURS
LIBRAIRES DE LA COUR DE CASSATION
27, PLACE DAUPHINE, 27

1890

LE
DIVORCE
ET LA
SÉPARATION DE CORPS

OUVRAGES DU MÊME AUTEUR

JURISPRUDENCE DE LA COUR DE CASSATION, sur la loi électorale de 1874, par Henri Coulon, avocat à la Cour d'appel....... 1 fr. 50

JURISPRUDENCE DE LA COUR DE CASSATION, sur la loi relative à l'ivresse publique, par Henri Coulon, avocat à la Cour d'appel. 1 fr. 50

ÉTUDE PRATIQUE ET PROJET DE LOI SUR L'APPLICATION DU JURY EN MATIÈRE CORRECTIONNELLE, par MM. Albert Faivre et Henri Coulon, avocats à la Cour d'appel.................. 1 fr. »

MANUEL-FORMULAIRE DU DIVORCE ET DE LA SÉPARATION DE CORPS, contenant les lois du 27 juillet 1884 et 20 avril 1886, article par article : 1º la législation antérieure ; 2º le résumé dss travaux et débats parlementaires ; 3º l'exposé complet et raisonné de la doctrine et de la procédure ; 4º le sommaire des principales décisions rendues de 1809 à ce jour, par les tribunaux français et étrangers, avec les renvois aux recueils; 5º un modèle de chaque acte de la procédure en divorce : une table alphabétique et analytique, très détaillée, rend les recherches des plus faciles, par Henri Coulon, avocat à la Cour d'appel de Paris et Albert Faivre, avocat, ancien directeur à la Préfecture de la Seine. *Quatrième édition*, entièrement refondue. 1 volume de plus de 600 pages......... 6 fr. 50

JURISPRUDENCE DU DIVORCE, recueil, par ordre chronologique, contenant : 1º le texte des arrêts de principes rendus en causes de Divorce, depuis 1803 jusqu'à ce jour, par les tribunaux français et étrangers ; 2º le texte de toutes les décisions des tribunaux étrangers, citées par les divers commentateurs de la loi rétablissant le Divorce; par les auteurs du *Manuel-Formulaire du Divorce*, 1 fort et beau volume in-18. Deuxième tirage.................. 5 fr. »

COMMENTAIRE DE LA LOI SUR LES MARCHÉS A TERME, par Henri Coulon, avocat à la Cour d'appel. 1 volume................ 1 fr. 50

DE LA CONDITION DES ENFANTS NATURELS RECONNUS DANS LA SUCCESSION DE LEURS PÈRE ET MÈRE. — Ce qu'elle a été. — Ce qu'elle est. — Ce qu'elle devrait être, par Henri Coulon, avocat à la Cour d'appel. 1 volume... 2 fr. 50

CODE PRATIQUE DES ASSURANCES MARITIMES, DU DÉLAISSEMENT, DES AVARIES, DU JET ET DE LA CONTRIBUTION, par Henri Coulon et Georges Houard, avocats à la Cour d'appel. 2 volumes. 16 fr. »

DES AGENTS DIPLOMATIQUES. De leurs fonctions, de leurs droits, de leurs devoirs, par Henri Coulon, avocat à la Cour d'appel. 1 volume... 2 fr. 50

LÉGISLATION NOUVELLE DES FAILLITES. La liquidation judiciaire et la faillite, commentaire de la loi du 4 mars 1889. — Débats parlementaires. — Doctrine. — Procédure. — Jurisprudence. — Formules, par Henri Coulon, avocat à la Cour d'appel. 1 volume... 8 fr. »

LE DIVORCE ET LA SÉPARATION DE CORPS. — *Tome deuxième* : Le divorce devant la Chambre et devant le Sénat; 1re partie, rapports aux Chambres ; 2º partie, débats parlementaires. Discussion article par article. — *Tome troisième* et *Tome quatrième.* : Jurisprudence du divorce et de la séparation de corps, article par article. — *Tome cinquième* : Doctrine et procédure. — *Tome sixième* : Droit International. — Formules. — Circulaires.

IMPRIMERIE GÉNÉRALE DE CHATILLON-SUR-SEINE. — M. PÉPIN.

LE DIVORCE

ET LA
SÉPARATION DE CORPS

HISTOIRE — LÉGISLATION
DÉBATS PARLEMENTAIRES — JURISPRUDENCE
DOCTRINE — PROCÉDURE
DROIT INTERNATIONAL — FORMULES

PAR

HENRI COULON

AVOCAT A LA COUR DE PARIS

TOME PREMIER

PARIS

MARCHAL et BILLARD, IMPRIMEURS-ÉDITEURS
LIBRAIRES DE LA COUR DE CASSATION
27, PLACE DAUPHINE, 27

1890

INTRODUCTION

DIVORCE

DÉFINITION. — CONSIDÉRATIONS GÉNÉRALES.

Divorce, s. m. (di-vor-se, — lat. *divortium* ; de *divortere*, divertir, détourner). Rupture légale des liens du mariage, effectuée du vivant des époux.

Le mot latin *divortium* a été formé, s'il faut en croire Justinien, des deux mots *diversitas mentium*, dont le sens est assez exactement rendu par l'expression d'incompatibilité d'humeur. *Divortium*, comme *diversitas* (divergence), exprime littéralement l'action de deux personnes quittant une route qu'elles suivaient ensemble, pour prendre deux chemins différents, où chaque pas les éloigne l'une de l'autre. Le mot divorce a en français un double sens : tantôt il exprime l'action même de la rupture du lien qui unissait deux époux, tantôt l'état de deux époux rendus ainsi à la liberté.

Ce n'est pas Dieu qui a défendu le divorce, c'est le prêtre (Milton).

Le plus grand nombre des divorces est provoqué par les femmes (de Bonald).

Un seul divorce qui punit un mari de ses tyrannies empêche des milliers de mauvais ménages (Beyle).

Prohiber le divorce sous l'empire d'une législation qui reconnaît la liberté et l'égalité des cultes, et qui fait du mariage un contrat civil, c'est confondre le domaine de la conscience avec le domaine de la loi, et subordonner un culte à un autre. (L. Alloury).

Le divorce n'est que l'amovibilité de la femme dans la société domestique (Ventura).

Le divorce n'est que le sacrement de l'adultère (S. Arnould).

Le divorce est un remède; la séparation n'est qu'un palliatif (L. J. Larcher).

Le divorce est une institution qui a subi bien des vicissitudes. Tour à tour prôné et combattu, il est aujourd'hui admis par certaines nations, rejeté par d'autres.

Ainsi que le remarque plaisamment Voltaire, le divorce est de la même date à peu près que le mariage. « Je crois, pourtant, ajoute-t-il, que le mariage est de quelques semaines plus ancien, c'est-à-dire qu'on se querella avec sa femme au bout de quinze jours, qu'on la battit au bout d'un mois, et qu'on se sépara après six semaines de cohabitation. »

A l'origine, l'union de l'homme et de la femme n'engendrait ni obligations, ni droits; chacun était maître absolu de la faire cesser au gré de son intérêt ou même de son caprice.

Dans un état de civilisation plus avancé, la dissolution du mariage a été soumise à la réglementation du pouvoir civil et du pouvoir religieux.

On a reconnu, en effet, que si, en principe, l'indissolubilité du mariage était désirable, il était cependant des cas où la dissolution de l'association conjugale s'imposait comme une nécessité impérieuse. Selon leurs opinions religieuses, les divers peuples ont eu recours à deux modes principaux pour parer à cette nécessité : la rupture complète du lien conjugal, sous le nom de divorce ou de nullité du mariage, ou le relâchement de ce lien sous le nom de séparation de corps.

Il y a entre la nullité du mariage et sa dissolution par le divorce cette différence que la nullité n'est jamais prononcée que pour une cause antérieure au mariage, le divorce, au contraire, pour une cause postérieure; que le mariage déclaré nul est censé n'avoir jamais existé, tandis que sa dissolution par le divorce suppose, jusqu'au moment de cette dissolution, son existence régulière et valable.

Les nullités de mariage ont été admises par toutes les législations, et il n'en pouvait être autrement. Là où la loi civile consacre le mariage par certaines formes solennelles, il est impossible que la violation de ces formes, lorsqu'elle atteint un certain degré de gravité n'entraîne pas la nullité du mariage comme contrat civil. Là même où le contrat civil n'est parfait que par la consécration religieuse, la loi religieuse admet également les nullités qui vicient le mariage dès l'origine, et la constatation rétablit les époux dans leur liberté première, qu'ils sont censés n'avoir jamais perdue.

Mais la nullité ne peut être invoquée que contre le mariage qui a été vicié dès le principe, et dont l'existence n'a été à aucun instant régulière. Il n'y a là de remède que contre le vice antérieur au contrat, et il restait à prévoir le cas où le lien conjugal, valablement et régulièrement formé, devrait être brisé ou relâché par la loi. Ce cas a été prévu par toutes les législations religieuses ou civiles, et c'était une nécessité ; car quel législateur eût osé dire aux époux : « Le lien qui vous unit restera toujours aussi étroitement serré qu'à l'instant du contrat, quelques changements qui surviennent dans vos relations réciproques. Alors même que le lit conjugal aurait été souillé par les plus sales débauches, alors que le pain de vos enfants aura été prodigué pour alimenter l'adultère, alors que, dans le délire de la passion l'un de vous aura attenté à la vie de l'autre, et que, saisi dans son crime par les ministres de la loi, il aura été flétri de l'infamie, ne me demandez pas une issue hors du domicile conjugal, je vous la refuserais ! Ne me demandez pas d'allonger au moins votre chaîne pour laisser entre vous et le coupable la place de la haine et du mépris, je serais sans pitié. Vainement vous me crieriez que votre cœur est flétri, votre vie empoisonnée; que la misère, le vice, les maladies viennent assiéger votre foyer! Je serais sourd ! » Aucune législation, disons-nous, n'a osé pousser jusqu'à cet excès, le principe de l'inviolabilité du lien conjugal. Il n'en est pas une seule qui n'ait reculé devant l'idée de refuser tout remède au désordre, toute protection à la victime, et celles-là ont relâché le lien qui n'ont pas cru devoir le rompre. De là la séparation de corps, de là le divorce.

Tous les dogmes religieux, toutes les lois civiles, sont d'accord sur ce point, que par cela seul qu'il y a eu de la part d'une des parties violation de ses obligations, il y a nécessité de modifier le contrat primitif, et de relever l'autre partie de tout ou portion des engagements contractés par elle. Le dissentiment ne s'élève que sur la question de savoir si on laissera seulement à l'époux outragé le choix entre les tortures de la cohabitation conjugale et la séparation de corps, ou bien si on lui permettra d'opter entre la cohabitation, la séparation, et le divorce. C'est, en effet, dans ces termes que la question du divorce est aujourd'hui posée en France. Il ne s'agit plus d'opter entre deux institutions et de proscrire l'une en accueillant l'autre. Cette nécessité n'existe malheureusement pas. Si la loi du 20 septembre 1792 a admis le divorce à l'exclusion de la séparation; si la loi du 8 mai 1816 a admis la séparation à l'exclusion du divorce, le code civil, plus tolérant, a su concilier le respect dû à d'honorables scrupules religieux avec les droits de l'individu et les intérêts de la société ; et il a laissé à la conscience de l'époux outragé le choix entre les deux issues qu'il lui ouvrait pour fuir la persécution et l'infamie.

Mais si les partisans du divorce sont d'accord aujourd'hui que la séparation de corps doit avoir sa place à côté de lui dans la loi, les partisans de la séparation se montrent plus exclusifs, et ne veulent pas que le législateur laisse à l'époux outragé d'autre refuge que la séparation. Le divorce est-il donc quelque chose d'impie, quelque chose d'impolitique, quelque chose d'immoral? C'est en effet sous ce triple aspect politique, moral et religieux, que se présente cette question du divorce, qui depuis tant de siècles divise les esprits ; et, chose singulière! dans chacun de ces trois ordres d'idées le divorce a eu ses partisans et ses adversaires; et il n'y a pas eu plus d'unanimité parmi les théologiens pour lui lancer l'anathème que parmi les philosophes, pour le défendre et le préconiser.

Si la loi civile devait repousser le divorce par cette seule considération qu'il est proscrit par le dogme catholique, il est évident tout d'abord que le divorce ne devrait être interdit qu'à ceux-là seuls dont la croyance est incompatible avec lui ; car la loi civile n'aurait aucune raison de se montrer plus sévère pour les non catholiques que leur loi religieuse. Parmi les catholiques eux-mêmes, ceux-là seulement seraient atteints

par la prohibition de la loi religieuse dont l'union aurait été consacrée par la religion, car le sacrement seul
rend le mariage indissoluble. Et si avant 1789 le sacrement était un élément essentiel du mariage, il n'en
est plus de même aujourd'hui que le contrat civil est
parfait par lui-même, et que la consécration religieuse
n'ajoute rien aux yeux de la loi, à sa force ni à sa sainteté. Et maintenant cette renonciation au divorce, réduite
à ces termes, serait-ce autre chose qu'une question de
conscience, une question de foi religieuse, une loi enfin
que chacun peut bien s'imposer à soi-même, mais pour
laquelle il ne peut exiger des autres la même obéissance,
et que le législateur ne pourrait consacrer sans faire
d'un acte de foi un devoir civil, d'une prescription religieuse une contrainte légale, sans violer le grand principe
de la séparation du temporel et du spirituel, sans rompre cette belle unité de notre loi civile qui est la même
pour tous les citoyens, quelle que soit leur croyance,
parce qu'elle est faite pour tous les membres de l'Etat
et non pour les sectes religieuses. C'est le Français qui
contracte devant l'officier de l'état-civil ; c'est le croyant
catholique qui demande au prêtre de bénir son union.
Si les obligations que ce dernier impose sont plus rigoureuses que les obligations civiles, n'est-ce pas là
le rôle de la religion, comme c'est celui de la morale ?
Leur empire ne se prolonge-t-il pas toujours bien au
delà de la limite où s'arrête celui de la loi ? Et puis,
il le faut remarquer, dans aucune matière, le dogme
catholique et la loi civile ne partent d'un principe plus

diamétralement opposé. Pour l'un, le célibat est plus saint et plus parfait que le mariage ; l'autre encourage le mariage et tolère le célibat. L'un exige de l'homme qu'il lutte même contre les besoins de sa nature, et lui tient compte pour le ciel de chacune des privations qu'il s'impose ; l'autre met sa perfection à satisfaire tous les besoins de l'homme, et à mettre le moins souvent possible la passion individuelle aux prises avec l'ordre social. Aussi est-ce une objection à peu près abandonnée contre le divorce que celle de son incompatibilité avec le dogme catholique; et la loi de 1816, votée sous l'influence de cette idée, n'est aujourd'hui défendue que par des considérations empruntées non à la religion, mais à la politique et à la morale. C'est sous ce seul point de vue que la question peut désormais être sérieusement traitée. L'intérêt des mœurs en général, l'intérêt de la femme, l'intérêt des enfants, tels sont les seuls éléments de la discussion. (Odillon Barrot. *Divorce.* Dictionnaire de la conversation.)

Le divorce par cela seul qu'il offre aux époux l'éventualité d'une dissolution du mariage avec faculté d'en former un nouveau, est un véritable encouragement aux désordres intérieurs. On ne se plie pas aux exigences d'un état qu'on peut changer, et la loi se rend complice de notre penchant à l'inconstance quand elle dépouille l'union conjugale du caractère de la perpétuité ; elle fait naître le mal auquel elle veut remédier. Tel est l'argument capital contre le divorce, celui qui se reproduit sous diverses formes dans les discours, les écrits qui ont eu pour but de le combattre.

Cet argument n'est pas resté sans réponse. Il est vrai, a-t-on dit, que l'époux souffrira moins patiemment le mal auquel il pourra se soustraire; mais il faut bien reconnaître aussi que rien ne corrompt comme le pouvoir de faire le mal impunément; que tel époux qui, certain de conserver sa victime sous la main, se jouera de tous ses engagements, de tous ses devoirs, les respectera davantage s'il sait que cette victime peut invoquer le secours de la loi et demander à un autre le bonheur légitime qu'il lui avait promis. Si donc, dans certains cas, le divorce doit rendre l'époux plus rebelle à la persécution domestique, dans d'autres aussi il préviendra cette persécution même. Et puis, à côté de l'inconvénient du divorce, il faut voir le danger de son absence, et se souvenir que notre nature sait toujours se venger du despotisme des lois, soit par le crime, qui est une réaction violente, soit par la corruption, qui est une sourde protestation. D'ailleurs, quels sont les caractères que la perspective d'un nouveau mariage portera à jeter le trouble au sein de la famille? Ce ne seront pas à coup sûr les caractères religieux et résignés : la passion seule ou l'immoralité pourraient se préoccuper de cet avenir de liberté. La passion? Mais elle ne sait pas calculer et combiner des chances légales; elle est aveugle, et si elle ne l'était pas, elle se souviendrait que l'adultère, aux termes de la loi sépare les deux complices par une barrière insurmontable, bien loin de les rapprocher. L'immoralité ? Mais quel besoin pour elle du divorce ? La séparation lui offre tous les avantages que le divorce lui offrirait, et de plus, cette sécurité que les enfants qui naîtront pendant sa durée recevront un père de la loi.

Quant aux droits de la femme, les objections qu'on en tire partent de deux principes opposés. Les résultats du divorce, disent les uns, ne sont pas égaux pour les deux époux : l'homme sort du mariage avec son autorité et sa force, la femme n'en sort pas avec toute sa dignité ; et de tout ce qu'elle a apporté, pureté, virginité, jeunesse, beauté, fécondité, fortune, elle ne retrouve que son argent. Est-ce une loi protectrice de l'ordre, disent les autres, que la loi qui, dans un acte aussi important que la dissolution du mariage, donne un droit égal, ou, pour mieux dire, une juridiction éventuelle à l'épouse ; d'où naît inévitablement une prétention habituelle à l'égalité, et par conséquent l'anarchie domestique ? A la première de ces objections on peut répondre que si c'est la femme qui est exposée à perdre le plus par le divorce, c'est elle aussi qui a le plus besoin des secours de la loi. Le divorce ne rend pas à la femme sa virginité, sa pureté, cela est vrai ; il la jette dans le monde dans cette situation fausse qui n'est ni celle de la fille ni celle de la femme ou de la veuve : eh bien ! c'est une garantie que la femme ne recourra pas à ce moyen extrême sans la plus impérieuse nécessité. A la seconde objection, la réponse est dans ces deux mots : La prééminence du mari sur la femme ne peut jamais être le droit d'oppression du fort sur le faible. Reste l'intérêt des enfants. Ici nous devons rappeler que le désordre existe quand il s'agit d'y remédier ; que la famille est troublée ; que la question n'est pas entre la réconciliation et la rupture, mais entre un mode de rupture et un autre. L'intérêt des enfants est compromis dès que le désordre existe, leur intérêt moral par les mauvais exemples qu'ils reçoivent, leur intérêt de fortune par les dissipations que le déréglement entraîne d'ordinaire après lui. Si vous offrez le choix aux époux entre la séparation et le divorce, ce choix sera dicté par la croyance religieuse de chacun. Celui à qui sa foi défendra de contracter un nouveau mariage pendant la vie de son premier époux, celui-là seul optera pour la séparation, et c'est alors que la séparation sera vraiment empreinte de plus de piété, de plus de moralité même que le divorce. Car le célibat qu'il impose sera un célibat volontaire, un sacrifice accepté. Mais si vous faites de la séparation la loi générale, la loi unique et inflexible, alors vous jetez pêle-mêle dans la séparation de corps et les croyances qui acceptent le sacrifice et les natures qui s'y refusent. Ne parlez plus de célibat volontaire, c'est d'autre chose qu'il est maintenant question, c'est de l'adultère public et permanent. Ce n'est plus alors la religion qui impose une privation à qui elle promet une récompense, c'est la loi qui inflige une peine perpétuelle au malheur ; c'est elle qui légalise en quelque sorte le crime par l'excuse de la nécessité, et qui combine avec les causes générales de corruption les incompatibilités individuelles.

Et alors, quel exemple pour les enfants ! quelle influence sur leur éducation et leur avenir ! La loi a voulu empêcher l'introduction d'une marâtre dans la famille, et elle a ouvert la porte à une concubine. Elle a craint que l'éducation des enfants ne fût confiée à une sévérité trop inflexible, et elle leur met sous les yeux le spectacle de la dépravation et de l'immoralité. Et qu'on ne fasse pas valoir contre le divorce cette scission de la famille qui va séparer les enfants, soit du père soit de la mère, qui va répartir des frères et des sœurs autour de deux foyers où ils ne recevront d'autres enseignements que ceux du ressentiment et de la haine. Ces maux qui ne sont que trop réels, ce n'est pas le divorce qui les a créés ; ils existent presque tous au cas de secondes noces comme au cas de divorce, et la séparation n'y sert pas plus de remède que lui. Au reste, une considération puissante domine toute cette question du divorce. Le divorce ne sera jamais réclamé que dans les pays où il y aura un intérêt à le réclamer, et il n'y a d'intérêt que là où le mariage est respecté. Dans les pays où le dogme religieux, constituant la loi elle-même, a établi de la manière la plus absolue l'indissolubilité du mariage, le mariage, par une réaction forcée de la nature contre le despotisme de la loi, est devenu à peu près nominal, et des unions illégitimes s'y sont emparées de ce que le mariage a de réel et de sérieux. Là, quel serait l'intérêt du divorce ? C'est le concubinage qui est devenu le véritable mariage, c'est-à-dire l'union des affections et des existences. On peut dire de ces pays ce qu'on a dit de la France du seizième siècle : ils ont traversé le divorce comme elle a traversé la réforme ; ils restent dans les liens du mariage indissoluble parce qu'ils ne pratiquent plus la sainteté du mariage, comme la France est restée nominalement catholique parce qu'elle n'a plus même assez de foi religieuse pour être protestante. (Odillon Barrot. — *Du divorce.*)

PREMIÈRE PARTIE

DU DIVORCE DANS L'HISTOIRE

Le divorce, qui est admis aujourd'hui par la plupart des législations modernes, est bien antérieur au droit moderne. Il est donc indispensable, sous peine d'être incomplet, de jeter un coup d'œil sur les législations des peuples de l'antiquité qui l'ont connu.

CHAPITRE PREMIER

Chez les Babyloniens, les mariages se faisaient une fois l'an, dans un marché public où l'on mettait aux enchères les filles nubiles. (E. Glasson. *Le mariage civil et le divorce*, p. 138.) La fête de ces mariages se célébrait dans le mois du sabbat et le jour principal était le dernier du mois. On remettait à chaque jeune fille ainsi vendue aux enchères publiques une olive de terre cuite percée comme pour être portée au col, où étaient inscrits son nom, celui de son mari et la date de l'acte. On a trouvé quelques-unes de ces olives, et voici comme échantillon, l'inscription d'une de celles que possède le musée du Louvre : *Naunutamat, acquise par Bahit-Alsi, le jour de la fête du sabbat, l'an IX de Mérodchbaladan, roi de Babylone.* Le mariage, prenant chez ces peuples la forme d'une vente, la jeune fille n'est en réalité pas la femme, mais l'esclave de son mari, de plus la polygamie est permise, il n'y a pas de raison pour que la législation prévoie le cas de divorce.

CHAPITRE DEUXIÈME

DROIT ÉGYPTIEN.

En droit, il n'existe aucune égalité entre l'homme et la femme. Le mari n'a que des droits vis-à-vis de sa femme. (Poulle, *Du divorce*, p. 2.) Et cependant « si elle est pour lui la douce compagne qu'il a rêvée, elle sera son égale, et même quelque chose de plus... En réalité, la femme par son sexe, n'était pas fatalement considérée comme inférieure à l'homme : vierge, épouse ou mère, elle prenait dans la société égyptienne le rang qu'elle y méritait. » (Marius Fontanes, *Hist. univ. Les Egyptes*, p. 142.) Puis, par la suite, la maternité prenant une très large place, la femme s'élève par la mère : l'égalité lui est acquise insensiblement, et dans la maison, la femme finit par avoir les mêmes droits que son mari : elle peut commander et briguer les honneurs. Mais cette émancipation de la femme n'était garantie, ni par les lois, ni par les croyances, ni par les mœurs. La polygamie existe, et le mariage n'est pour l'Egyptien, qu'un simple fait qui accroît la famille : c'était une sorte d'adoption. (Poulle, *du Divorce,* p. 2.) Le mariage n'est donc indissoluble que si la femme, dès les premiers jours de l'union, a été pour son mari une amie et une compagne sans reproches. Le mari mécontent peut abandonner sa compagne comme un ami rompt avec son ami, comme un associé renonce à une association. (Marius Fontanes, p. 367.)

La loi égyptienne est implacable pour la femme adultère et pour son complice, (Diodore de Sicile, liv. I) parce que l'adultère amène la corruption des mœurs et la confusion des enfants. L'homme était condamné à recevoir mille coups de verges, et la femme à avoir le nez coupé. Le législateur voulait qu'elle fût privée de ses attraits, car ils ne lui avaient servi que pour la séduction. (Glasson, *Le mariage civil et le Divorce,* p. 139.)

CHAPITRE TROISIÈME

L'organisation du mariage et de la famille chez les Aryas primitifs de la Bactriane offre pour nous un intérêt tout particulier, car c'est la civilisation de ce peuple qui est le berceau de la nôtre. Le mariage est précédé de fiançailles. Il s'appelle en sanscrit *gama*. On le considère comme un acte sacré et qui doit être librement consenti par les époux. Son symbole est l'union de deux mains. Aussi le mariage est-il appelé *Karagrapha* ou *panigrapha* qui signifie littéralement « prise de la main ». Sur un char traîné par deux bœufs blancs, le père de la mariée offre au mari une vache (Rig. Veda, X, LXXX, 10). Cette vache était dans les premiers temps destinée au festin des noces. Plus tard cette vache fut consignée dans la maison du mari, et c'est de cette coutume qu'est née ensuite la dot. Aussi la dot s'appelle-t-elle en sanscrit *gôdâna*, littéralement « le don de la vache ». (Glasson, *Le mariage civil et le divorce*, p. 140 et suiv.) L'idée de famille donne à l'esprit de l'Arya le bonheur parfait. La femme aryenne est seule au foyer domestique et elle y occupe une place honorée à côté de son mari. Sauf exception pour l'Iran et quelques autres contrées, les peuples de race japhétique ont partout conservé et respecté le principe de la monogamie. La femme aryenne doit être fidèle, féconde et laborieuse; elle est l'égale de son mari et la maternité la met au-dessus de lui; jamais elle n'a été considérée comme une servante ou une esclave. (Poulle, *Du divorce*, p. 3.)

La loi de Manou a pour la femme des paroles pleines de douceur. « Ne frappez pas, même avec une fleur, une femme chargée de fautes. Partout où la femme est honorée, les divinités sont satisfaites : mais lorsqu'on ne l'honore point, tous les actes pieux sont stériles. Les femmes doivent être comblées d'égards et de présents par leurs pères, leurs frères et leurs maris, car, lorsque la femme brille par sa parure, toute la famille resplendit; mais si elle n'est point parée, elle ne fait point naître la joie dans le cœur de son époux. Les femmes qui s'unissent à leurs époux pour devenir mères et qui font l'honneur de leurs maisons, sont véritablement les déesses de la fortune. (*Lois de Manou*, II. 138. 139; IX, 26, 45, 101.)

L'adultère est considéré comme une chose honteuse : le fils illégitime, preuve vivante de la faute commise, doit être pour la mère, une désolation (Fontane, *Histoire universelle. L'Inde védique*, p. 67). La femme peut être répudiée dans certains cas énumérés par les lois de Manou. « Une femme stérile pendant huit ans peut être répudiée; celle dont les enfants sont tous morts en naissant peut l'être également au bout de dix ans; celle qui ne met au monde que des filles, au bout de onze ans; celle qui parle avec aigreur, sur-le-champ. » (*Lois de Manou*, IX, 81.) La stérilité de la femme paraît avoir été, chez tous les peuples antiques, le motif principal de la répudiation. Toute la destinée de la femme, aux yeux du législateur indien, tout son emploi ici-bas, se réduit à donner à l'homme des enfants et à perpétuer l'espèce humaine. Toutes les faveurs que la loi lui accorde, elle n'en jouit qu'en devenant épouse et mère. (Gide, *Etude sur la condition privée de la femme*, p. 51.) Le mari peut être abandonné par sa femme, s'il est criminel, impuissant, dégradé, ou affligé de la lèpre, ou après une absence très longue dans les contrées étrangères. La femme adultère est privée de sa dot et le mari n'est pas tenu de la restituer. (Jacolliot, *La Bible dans l'Inde*, p. 35.)

L'inceste est puni par le rejet complet de toute caste, la peine la plus grave après la mort, puisque le coupable devient un paria. Il est marqué au fer rouge, soit sur le front, soit sur l'épaule; l'eau, le feu et le riz lui sont refusés par tout homme de caste, sous peine de dégradation. Il est placé, par le législateur, au dessous de la bête la plus immonde. Il est privé de toutes ses richesses, de sa famille, de ses amis, de tous ses droits civils et politiques. L'adultère simple, la vente de la femme étaient punis par le rejet d'une caste supérieure. (Jacolliot, *LaBible dans l'Inde*, p. 82 et suiv.) Si les lois de Manou permettent la polygamie, qui d'ailleurs n'était pas en usage et n'accordent pas à la femme, dans la hiérarchie sociale, une place aussi élevée, ni une influence aussi sérieuse que les lois des anciens peuples de l'Europe, c'est parce que, sous l'influence des climats chauds de l'Orient, la fille passe, presque sans transition, de l'enfance à la maternité et n'a pas le temps d'acquérir une éducation sérieuse. Aussi sa vie tout entière n'est qu'une longue dépendance. Enfant, elle obéit à son père; adulte, à son mari; vieille à ses enfants. Son suprême devoir est de respecter son époux; son occupation journalière d'élever ses enfants et de veiller à l'ordre domestique. Veuve, elle est tenue de rester fidèle à la mémoire de son époux; elle ne doit même pas prononcer le nom d'un autre homme. Prendre un second mari, c'est encourir la réprobation générale et renoncer au titre de femme vertueuse. Il résulte clairement, cependant des textes qu'à l'époque à laquelle remontent les lois de Manou, l'usage qui prescrit à la veuve de se brûler avec le corps de son mari n'existait pas encore. (Vivien de S. Martin, *L'Inde, ses origines, ses antiquités. Revue germanique*, 1861-1862. Glasson, *Le mariage et le divorce*, p. 144.)

CHAPITRE QUATRIÈME

DROIT IRANIEN.

C'est le peuple Iranien qui a créé et donné au monde un homme et un livre impérissables : Zoroastre et le Zend-Avesta. (Poulle, *Du Divorce*, p. 5.) Nous trouvons ici une nouvelle conquête du droit sur la force: l'abolition de la polygamie. Le mari, selon les maximes du Zend-Avesta, est toujours le chef, le roi absolu du foyer domestique ; on lui doit obéissance comme à Dieu ; mais un homme ne peut épouser qu'une seule femme ; le couple de Meschia et de Meschiané doit servir de modèle à tous les mariages ; et si Hérodote (Liv. VII, ch. 135, éd. P. Didot) dit le contraire, cela doit s'entendre d'une époque antérieure à Zoroastre. Il y a cependant une exception à cette règle, celui qui a épousé une femme stérile peut en épouser une autre du vivant de la première. Mais ce fait a sa cause dans la raison d'Etat, qui portait les rois de Perse à encourager l'accroissement de la population, et dans le sentiment religieux, qui représentait la postérité aux yeux du peuple comme un moyen de salut, comme un pont pour aller au ciel. Mais il ne change rien à l'idée que le législateur de l'Iran se fait du mariage en général ; à tous les hommes capables de le contracter il l'impose comme un devoir ; il n'admet entre les deux sexes aucune autre relation, et il proscrit sévèrement tout acte d'impureté et de libertinage, à plus forte raison celui qui est accompli à l'aide de la force ou qui trahit la foi conjugale. (Franck, *Etudes orientales*, p. 101.)

Hors le mariage, dit le législateur persan, l'amour est illégitime. L'homme coupable, en tel cas si sa complice est consentante, reçoit huit cents coups de fouet : il est irrémissiblement damné ; il n'y a plus pour lui d'expiation possible, si la violence a servi sa passion. (Marius Fontanes, *Les Iraniens*, p. 117.)

Avant Zoroastre, la loi des Mèdes et des Perses autorisait le *divorce*, ainsi que nous l'apprend le livre d'Esther, où nous lisons ce discours des conseillers du roi Assuérus : « S'il vous plaît ainsi, qu'il se fasse un édit par votre ordre, et qu'il soit écrit, « selon la loi des Mèdes et des Perses, qu'il n'est pas permis de violer, » que la reine Vasthi ne se présentera plus devant le roi, mais que sa dignité soit donnée à une autre qui la mérite mieux qu'elle. Et que cet édit soit publié dans les provinces de votre vaste empire, afin que toutes les femmes, tant des grands que des petits, rendent hommage à leurs maris. »

Et l'historien ajoute : « le conseil plut au roi et aux princes ; et le roi fit selon ce conseil. »

CHAPITRE CINQUIÈME

DROIT MOSAIQUE.

Le droit mosaïque définit le mariage l'ui ion de l'homme et de la fémme pour ne constituer à l'avenir qu'une seule personne et dans le but d'as urer leur postérité pour la gloire de Dieu. (*Loi mosai ue*, I. 1. 2. 22. 23. 28. *Malachie*, II. 15.) Le genre hum tin est la postérité d'un seul couple ; la femme, faite le notre chair et de nos os, n'est pas autre chose que nous-mêmes ; appelée à charmer notre existence, nous offrir un secours contre la solitude, elle n'est pas moins nécessaire à notre cœur qu'à nos sens, enfin l'homme doit quitter son père et sa mère pour vivre avec sa femme et former avec elle une seule chair. (*Genèse*, ch. 22, v. 21, 25.)

Tout homme est tenu de se marier et peut y être contraint par les autorités, tant qu'il n'a pas été le père d'un fils et d'une fille. (*Talmud*, Jebamoth, 61 b, et 63 b.)

La loi mosaïque permettait le divorce d'une manière très large aux hommes.

On lit, en effet, dans la Bible : (*Loi mosaïque*, V. 24, 1.) « Si un homme, après avoir épousé une femme et vécu avec elle, en conçoit ensuite du dégoût, à cause de quelque défaut honteux, il fera un écrit de divorce, et, l'ayant mis entre les mains de cette femme il la renverra hors de sa maison. »

Un point curieux, c'est que la Bible ajoute que son mari ne pourra plus la reprendre plus tard pour sa femme, édictant ainsi une disposition qui s'est retrouvée dans les législations modernes et que la loi mosaïque formule dans les termes suivants : « que si, après être sortie de chez son premier mari, elle en épouse un autre, et que celui-ci la renvoie encore après lui avoir donné une lettre de divorce, ou même s'il vient à mourir, le premier mari ne pourra la reprendre pour femme, parce qu'elle a été souillée, et qu'elle est devenue abominable aux yeux du Seigneur. »

Il s'agit là, comme on le voit, à proprement parler, de la répudiation permise aux hommes d'une manière à peu près absolue. Toutefois cette répudiation était soumise à certaines formalités. De même que le mariage suppose l'entrée de la femme au domicile du mari, de même aussi le divorce n'existait pas tant que la femme n'en était pas partie. Mais avant d'expulser sa femme, le mari était tenu de remplir une formalité préliminaire ; il devait écrire et remettre une lettre de divorce et rendre ainsi à sa femme la liberté d'en épouser un autre. Comme en général les Israélites ne savaient pas écrire, il fallait recourir an ministère d'un prêtre ou d'un lévite. Cette intervention donnait à la femme de très sérieuses garanties : le prêtre pouvait se refuser à donner la lettre de divorce et empêcher l'abus des répudiations. Le grand-prêtre Aaron nous apprend que bien souvent il avait réconcilié des maris avec leurs femmes qu'ils voulaient renvoyer. (Glasson. *Le mariage civil et le divorce*, p. 146.) Le mari qui voulait divorcer n'avait donc qu'à dresser la lettre de divorce et à mettre sa femme hors de sa maison, en présence de deux témoins mâles hébreux : la femme n'avait pas à donner son consentement. (*Deutér.*, XXIV, 1 et suiv..)

L'écrit de divorce dont nous venons de parler, rédigé par un scribe ou un greffier commis à cet effet, était conçu dans les termes de la formule suivante, traduite des écrits d'un célèbre rabbin :

« En telle semaine, en tel mois, en telle année de la création du monde, selon la manière de compter en cette ville de.., située sur le fleuve de... (ou sur la montagne de... ou toute autre indication locale) ; moi, qui suis du pays de... fils de rabbi (maître) un tel, du pays de...; moi, dis-je, qui demeure en tel lieu, auprès de tel fleuve, je me suis déterminé de mon plein gré et sans y être contraint par personne, à répudier, et j'ai, en effet, répudié, renvoyé, et mis hors de ma maison, vous, vous, dis-je, vous ma femme (ici le nom), du pays de...., fille de rabbi (maître) un tel, qui demeure en tel pays, et qui a son domicile en tel ou tel lieu, auprès de tel fleuve ; vous qui ci-devant avez été ma femme, mais que maintenant je répudie, je renvoie et je mets hors de ma maison, consentant que vous emportiez tout ce qui est à vous, et que vous épousiez tel autre que vous voudrez, et avec une liberté si entière qu'à dater de ce jour vous puissiez tant que vous vivrez ne pas vous interdire, à cause de moi de vous engager dans un autre mariage. Pour que vous puissiez disposer de vous sans aucun empêchement de ma part, je vous délivre cet acte de répudiation que je vous renvoie et que je ne vous regarde plus pour ma femme, m'étant conformé, pour arriver à cette fin, à tout ce qui est prescrit par la loi de Moïse et d'Israël. »

Après le retour de Babylone le divorce devint tellement fréquent, que des scandales éclatèrent ; les Hébreux renvoyaient sans motifs leurs femmes pour épouser des étrangères.

Le prophète Malachie s'éleva contre ces iniquités et recommanda qu'on fût fidèle à la femme de sa jeunesse : « Jéhovah est témoin entre toi et la femme de ta jeunesse ; tu lui as été infidèle, et elle est la compagne et la femme de ton alliance. Ne sois pas infidèle à la femme de ta jeunesse ; car Jéhovah, le Dieu d'Israël hait la répudiation. » (Malachie, chap. ii, v. 14. 16.) Au sentiment du devoir, Salomon a ajouté les tendres accents du cœur, la puissance de l'imagination et du souvenir. « Réjouis-toi, mon fils, avec la femme de ta jeunesse, cette biche des amours, cette gazelle pleine de grâces! Que ses charmes t'enivrent dans tous les temps! que son amour te transporte toujours! Pourquoi donc t'éprendre d'une étrangère et prodiguer tes caresses à une inconnue? (*Proverbes*, ch. 5, v. 18, 21) et plus loin: « Gardez-vous de la femme étrangère qui a quitté celui qu'elle a épousé dans sa jeunesse, et qui a oublié le pacte de son Dieu ».

Il est à remarquer d'ailleurs que les plus sages et les plus pieux de la nation n'ont point usé de l'indulgence de la loi sur cet article, ou qu'ils l'ont fait avec la plus grande circonspection. On cite même parmi les maximes du célèbre rabbin Ben-Sira cette sentence familière, mais sage: « Rongez l'os qui vous est tombé », c'est-à-dire, restez avec la femme que vous avez épousée. (*Dissert. sur le divorce* de D. Calm.)

Des tentatives furent faites dans la suite pour restreindre les facilités du divorce; des discussions s'élevèrent et deux écoles adverses restèrent en présence, sans pouvoir s'entendre, jusqu'à la prise de Jérusalem par les Romains.

D'après les disciples d'Hillel, le mari avait le droit de répudi r sa femme dès qu'il lui découvrait un défaut quelconque; comme par exemple, d'avoir trop fait cuire les mets préparés pour lui, ou même s'il trouve une femme mieux faite et plus agréable que la sienne. (de Flassan, *La question du Divorce*, p. 69.) Mais les partisans de l'école de Sinaï se montraient beaucoup plus sévères et n'autorisaient la répudiation que pour un défaut grave. Eliézer, de l'école de Sinaï,

condamnait même la répudiation d'une manière générale. (*Talmud*, Gittin. 90 a et b, Mischna.) Mais Akiba,
qui mourut sous Adrien, enseignait que le mari a le
droit d'abandonner sa femme dès qu'il en trouve une
autre plus belle qu'il désire épouser, et il faut reconnaître dans l'intérêt de la vérité que la théorie d'Hillel
et d'Akiba était généralement suivie.

Parmi les causes de divorce, énumérées par les lois
mosaïques, les unes étaient communes aux deux époux,
les autres leur étaient propres. Les femmes ne purent
répudier leurs maris qu'après la domination romaine.
(Drach, *du Divorce dans la synagogue.* Rome 1840.)
Aucun texte ne leur accordait ce droit qu'elles usur-
pèrent, à la suite des désordres qui marquèrent les con-
quêtes romaines. (Poulle, *du Divorce.*)

D'après la loi mosaïque, le divorce n'est plus un
droit, mais un devoir pour le mari, et la justice doit
le prononcer, même contre le gré des époux, lorsque
la femme s'est rendue coupable d'adultère. (Glasson,
op. citat. p. 147.) La loi mosaïque condamne cette
femme à la peine de mort. (*Loi mosaïque*, III. 20, 10);
mais il est interdit au mari de continuer à vivre avec
sa femme, si cette peine n'est pas prononcée contre
elle. (*Talmud*. Sota. 6. a. — Mischna, 6. § 15.) Quand
une femme s'accuse elle-même d'adultère, on n'ajoute
aucune foi à ses aveux et on exige d'autres preuves :
la loi craint que ces aveux ne soient faits dans le but
d'épouser un autre homme. (*Talmud*, Nedarim, 90. 6.
— Mischna, 115, § 6.) Le mariage est interdit entre

la femme adultère et son complice. (*Loi mosaïque*, III, 2, 10.) La même interdiction frappe celui qui, par sa complicité, a contribué au divorce dans le but d'épouser ensuite la femme. (*Talmud*, Sebamoth, 24 b. et 25 a.) Le mari est encore obligé de répudier sa femme, lorsqu'il a vécu pendant dix ans avec elle sans en obtenir d'enfants. (Sebamoth, 64, a, Mischna.) On prétend que Napoléon Ier s'est appuyé sur cette disposition de l'ancien testament pour demander son divorce avec Joséphine. (Glasson, op. citat. p. 148.) Dans le dernier état du droit, la stérilité de la femme n'a plus obligé le mari à divorcer, mais elle est restée pour lui une cause facultative de divorce. (Hœser, 1, § 10. — Beth. Samuel, 118.) Enfin des raisons sanitaires avaient fait décider que quand l'un des époux serait atteint de la lèpre, l'autre serait obligé de divorcer même contre son gré. (*Talmud*, Ketuboth, 77 a. Mischna.)

La loi mosaïque permet au mari de demander le divorce pour un certain nombre de causes. Il y est d'abord autorisé toutes les fois qu'il découvre qu'au moment du mariage sa femme n'était plus vierge. Dans l'ancien droit, celle-ci encourait la peine de mort. (*Loi mosaïque*, V, 20, 21, 22.) Mais ensuite on admit qu'il serait seulement permis de la répudier et qu'elle perdrait tous ses avantages matrimoniaux. (Hœser, 68, § 8.) Il est curieux de voir comment la loi de Moïse voulait qu'on procédât à l'accusation qu'un mari intentait à sa femme qu'il prétendait n'avoir pas trouvée vierge.

Au bruit de cette accusation, dit la loi, le père et la mère de la fille accourront à son secours, la prendront avec eux et porteront les signes de sa virginité aux anciens de la ville ; et le père leur dira : « J'ai marié ma fille avec cet homme, et maintenant, parce qu'il la hait, il lui impute un crime honteux, et dit : je n'ai point trouvé cette fille, vierge ; mais voilà les signes de la virginité de ma fille. » Alors ils étendent les vêtements en présence des anciens. — Ces preuves faites, les anciens feront saisir et frapper le mari, et le condamneront, de plus, à payer cent sicles d'argent au père de la femme, parce qu'il a voulu répandre l'opprobre d'un nom honteux sur une vierge d'Israël ; et le mari la gardera pour son épouse, sans qu'il puisse la répudier pendant tout le temps de sa vie. — Mais si l'accusation du mari est vraie, et qu'on n'ait point trouvé les preuves de la virginité de sa femme, les juges la feront sortir hors de la maison de son père, les habitants de la ville la lapideront et la feront mourir, parce qu'elle a commis un crime en Israël. (*Deutéron.* chap. 2. Merlin, *Rep. Divorce*, p. 739.)

Le seul soupçon de l'adultère autorise aussi le mari à demander le divorce, à moins qu'il ne soit lui-même sujet aux mêmes reproches. (*Loi mosaïque*, IV, 5, 27. 28. — *Talmud*, Sota, 47 a Mischna.)

Le livre des Nombres, dans la Bible, contient l'énumération des épreuves curieuses que les maris pouvaient faire subir aux femmes soupçonnées d'adultère, (Jacolliot, op. citat. p. 16) ; après la conquête romaine, ces épreuves furent supprimées ; « le sacrifice de jalousie » disparut, et le soupçon put être justifié par tous les moyens. (Poulle, *du Divorce.*)

Dans le nouveau droit des Israélites, il est aussi permis au mari de divorcer toutes les fois que la femme viole la loi mosaïque, comme par exemple, si elle lui sert des aliments défendus, ou si elle se promène sur les places publiques la tête nue, ou y découvre ses bras, ou se permet des plaisanteries avec les jeunes gens, etc. Lorsque les faits ne sont pas établis par témoins, la femme peut se justifier au moyen du serment purgatoire. (*Talmud*, Ketuboth, 72 a, Mischna. — *Talmud*, Sota, 25 a.)

Le refus du devoir conjugal autorise aussi le mari à démander le divorce contre sa femme dans l'ancien comme dans le nouveau droit. A l'origine on commençait, en pareil cas, par déduire de la somme qu'avait promise le mari à l'occasion du mariage, sept deniers par semaine et quand cette somme était épuisée, alors seulement on prononçait le divorce. (Glasson, op. citat. 149.) Dans la suite, il fut décidé que le refus de la femme serait publié à la synagogue pendant quatre semaines consécutives, le jour du sabbat, et qu'ensuite elle perdrait la somme promise à son mari si elle persistait dans son refus. En dernier lieu, on s'arrêta à un troisième système : on accorda à la femme un délai de douze mois, mais en la menaçant, pour le cas où elle ne se soumettrait pas avant l'expiration de ce terme, du divorce et de la perte de tous ses droits ré-

sultant du mariage. (*Talmud*, Ketuboth, 63. a. —
Hœser, 77.)

De son côté, la femme est autorisée à demander le
divorce dans certains cas déterminés :

Lorsque le mari refuse le devoir conjugal, la femme
peut ou divorcer ou réclamer un supplément à la
somme promise par le mari à l'occasion du mariage.
(*Talmud*, Ketuboth, 63. b.)

L'adultère du mari n'est jamais pour la femme une
cause de divorce : le mari adultère peut cependant être
condamné à la prison ; mais la femme peut divorcer
si son mari mène une vie déréglée, ou lorsqu'il la
maltraite. (Hœser, 54, § 3.)

Les deux conjoints ont en outre dans certains cas
des causes de divorce qui leur sont communes. De
même que le mari peut, au bout de dix ans, demander le divorce pour cause de stérilité de sa femme, de
même celle-ci, à l'expiration de ce temps, a le droit
de faire dissoudre le mariage pour cause d'impuissance
de son mari. (*Talmud*, Gebamoth, 65 a ; Nidda 65 ; 4.)

Si l'un des époux est atteint, même pour la première fois pendant le mariage, d'une maladie insupportable, comme par exemple de l'épilepsie, ou d'un
mal contagieux, l'autre conjoint a le droit de demander la dissolution du mariage. (*Talmud*, Ketuboth
77 a, Mischna.)

Si de pareils faits sont antérieurs au mariage,
comme aussi s'il y a eu erreur sur la personne ou sur
la fortune de l'autre conjoint, le divorce peut encore

être demandé, mais il s'agit alors à proprement parler plutôt d'une cause de nullité. (*Talmud*, Kiduschen, 486, 496, Mischna. — *Talmud*, Ketuboth, 726, Mischna.)

Le changement de religion de l'un des époux autorise aussi l'autre à faire rompre le mariage. Enfin l'absence est encore une cause de divorce commune aux deux époux, bien qu'en fait, elle profite le plus souvent à la femme. Lorsqu'un Israélite quitte le pays, il ne peut pas contraindre sa femme à le suivre et il doit même promettre de ne pas l'abandonner. Si son absence se prolonge sans espoir de retour, il est tenu de dégager sa femme des liens du mariage en lui envoyant des lettres de divorce, et s'il ne le fait pas, au bout d'un certain temps qui dépend des circonstances, on présume qu'il est mort. (Cpr. Mayer, *die Rechte der Isrealiten*, II, p. 85.)

Des modifications nombreuses ont été apportées depuis à la loi mosaïque. Dans un concile tenu par les rabbins à Worms, pendant la seconde moitié du onzième siècle, la répudiation fut, en principe, interdite. On ne l'autorisa plus que dans le cas où la femme s'était permis un acte contraire à la loi. Mais on admit toujours le divorce par consentement mutuel.

Un synode juif tenu à Worms, en 1830 de notre ère, a interdit en Occident la polygamie sous peine d'excommunication. Cette prohibition peut être levée par une réunion de cent rabbins pris dans des pays différents. Le divorce n'est plus possible qu'avec le consentement des deux époux. Le Sanhédrin de **Paris**, tenu sous le règne de Napoléon Ier, a ordonné aux Juifs qui veulent divorcer de se conformer aux lois civiles : le rabbin ne peut prononcer le divorce qu'après représentation de la décision émanée de l'autorité judiciaire compétente. (Poulle, *du Divorce*.)

CHAPITRE SIXIÈME

Fohi, 3,000 ans avant Jésus-Christ, avait déjà réglé l'union de l'homme et de la femme en Chine. La femme y était traitée en mineure à tous les âges. Le mari avait le droit de la battre, de la vendre, de la tuer en cas d'adultère. La polygamie y était, en quelque manière hiérarchisée; l'épouse principale était considérée comme la mère de tous les enfants des concubines. Celles-ci pouvaient être en nombre indéfini. Toutes étaient achetées.

Le divorce était réglementé : il ne pouvait avoir lieu que pour des causes prévues par la loi, et par suite de la sentence du magistrat. Ces causes étaient au nombre de sept, d'après Confucius : 1º si une femme ne pouvait vivre en bonne harmonie avec son beau-père et sa belle-mère; 2º si, par une stérilité reconnue, elle était hors d'état de perpétuer la race; 3º si elle était soupçonnée avec fondement d'avoir violé la fidélité conjugale, ou si elle avait donné quelque preuve d'im-

pudicité; 4° si par des rapports calomnieux ou indis-
crets, elle mettait le trouble dans la famille; 5° si elle
avait quelqu'une de ces infirmités pour lesquelles tout
homme a naturellement de la répugnance; 6° si elle
était sujette à des intempérances de langue dont il
paraissait difficile de la corriger; 7° si à l'insu de son
mari elle volait secrètement dans la maison, pour quelque motif que ce soit. (*Chine Pittoresque*, t. I, p. 168.)

Il faut dire à l'éloge des Chinois qu'ils n'abusaient
pas de cette facilité de renvoyer leurs femmes et que
le divorce n'était guère pratiqué que parmi les gens du
commun. La femme qui abandonnait son mari, pouvait
être corrigée par lui, et vendue ensuite. (Tissot, *Le
mariage, la séparation et le divorce*, p. 40.)

CHAPITRE SEPTIÈME

DROIT GREC.

Ce qui caractérise la Grèce antique, c'est l'envahis-
sement de toutes choses par l'Etat. A Athènes, le
citoyen passe sa vie sur la place publique, et les
affaires publiques prennent tout son temps. Dans une
société où les citoyens passaient leur vie à se gouver-
ner, où les individus étaient faits pour l'Etat, et où
la vie publique était ainsi au premier rang, la famille
et les intérêts privés comptaient à peine. (Poulle, *du
Divorce.*) Le mariage est contracté pour donner des
enfants à la patrie. (Petit, *Leg. att.* VI, 1. § 1. ἐπ
ἀρότρῳ πάιδων.) Chaque citoyen doit se marier, au
risque d'encourir les peines édictées par la loi contre
les célibataires. (Pollux, III, 48, VIII, 40.) Les lois
de Lycurgue accordent des avantages aux citoyens
qui donnent un grand nombre d'enfants à leur patrie. (Aristote, *Politique*, II, 6, 3.) Un citoyen remplit
ses devoirs envers la cité, lorsqu'il lui a donné un fils
et une fille (Platon, *Traité des lois*, XI, 930). Mais la

femme reléguée, chez elle, est sans influence comme sans autorité. Pour elle : la vertu se réduisait à garder la maison, à s'occuper du ménage, et à obéir à ses parents ou à son mari (Platon, *Ménon.*, 3). L'esclave n'a pas de volonté, disait Aristote, l'enfant en a une mais incomplète, la femme en a une mais impuissante. (*Politique*, I, 5.) — L'état de la femme était donc purement passif. Il semble qu'au temps héroïque sa position était tout autre : il n'est pas d'homme honnête et sensé, dit Achille, qui ne chérisse et n'honore sa femme. (*Iliade*, IX, V, 341.) A l'époque de Platon, cela n'est plus vrai que des courtisanes, qui, libres de toute contrainte domestique, ont pris une influence prépondérante dans l'Etat. (Athénée, VII, 46.) (Poulle, *du Divorce.*)

Les législations des divers peuples de la Grèce, admettaient le divorce, mais il est difficile de déterminer l'époque de son établissement. Les poèmes d'Homère ne mentionnent aucun cas de divorce et les anciens Grecs semblent ne pas l'avoir connu. (Homère, *Odyssée*, I, 58.)

A Athènes, du temps des orateurs classiques, non seulement le divorce existait, mais il avait déjà dégénéré en un abus tel, que le législateur se trouvait forcé d'élever une digue contre des désordres scandaleux. C'est dans ce but que Charondas porta une loi qui défendait à tout époux divorcé de s'unir, par un nouveau mariage, à un conjoint qui fût plus jeune que celui dont le divorce l'avait séparé. (Diodore, XII

— *Meier und Schoman, der attische Process,* 414.)
Les auteurs dramatiques combattirent, de leur côté,
la facilité déplorable avec laquelle les Athéniens rompaient le lien conjugal. Les poètes comiques, Hégé-
sippe, Crobyle, Diphile et d'autres encore écrivirent
de nombreuses comédies, dont le titre commun était
απολειπουσα, la chercheuse de divorce. (Scheigaurer,
I, *Athen.* 125. — Willequet, *du Divorce.*)

Il y avait à Athènes deux sortes de divorce, le divorce par consentement mutuel, et le divorce voulu
par l'un des époux seulement. Les formalités du premier étaient excessivement simples. Les époux se
rendaient devant l'archonte et déclaraient à ce magistrat que leur volonté était de divorcer. Un acte
écrit constatait cette double déclaration, et le divorce
était consommé. Une infinité de séparations furent
ainsi opérées. (Platner, *der Process und die Kayen
bei der attikern,* II, 270, Willequet, *du Divorce.* —
Glasson. op. citat. p. 151. et suiv. — Poulle, *du Divorce,* p. 10.) Chacun des époux pouvait aussi uni-
latéralement demander la dissolution du mariage.

Le divorce unilatéral devait se baser sur une cause
sérieuse. Toutefois le mari pouvait renvoyer sa
femme sans motif, par le simple effet de sa volonté,
sans aucune formalité. Mais dans ce cas la femme
était admise à prouver en justice que son époux n'a-
vait aucune raison grave pour la renvoyer, et cette
preuve fournie avait pour effet, non d'annuler le divorce, mais de faire condamner le mari à restituer la

dot et à fournir des aliments à sa ci-devant conjointe durant toute sa vie. (Démosthènes, c. Néera 1362. 25.) C'est du moins là l'opinion du savant professeur Wachsmuth (*Hellenische alterthumkunde*, II. 166.) qui l'a puisée dans Hermogène. Cette opinion n'est pas généralement admise. Platner (op. citat. 27) adresse à ce système le reproche d'attribuer aux textes invoqués une signification beaucoup trop absolue, et soutient que leur portée doit être restreinte. Ces passages prouvent, d'après lui, que l'intervention du juge n'était pas nécessaire lorsque la femme ne réclamait pas contre le fait invoqué par le mari comme cause de divorce ; que si les motifs invoqués étaient inexistants, ou si le mari avait renvoyé sa femme sans cause, celle-ci pouvait par la δίκη ἀποπομπῆς faire déclarer le divorce non avenu. (Willequet, *du Divorce*, p. 11. — Glasson, op. citat. — Poulle, *du Divorce*.)

Les lois d'Athènes ne déterminaient pas les causes du divorce. Elles laissaient au juge le droit de peser la gravité des faits, et, à la suite de cet examen, d'admettre ou de refuser le divorce. (Platner, II, 271.)

Si l'union était stérile, le mari était absolument libre de répudier sa femme, ou de prendre une concubine : les enfants qui naissent de cette union illégitime peuvent même être légitimés pendant le mariage, quoique ce point soit contestable, (Plutarque, *Eroticus*, 23.)

L'ἀποπομπή, ἀποπεμψις, demande du divorce du mari, n'était accompagnée d'aucune espèce de solennité.

Pour l'exercer, le mari renvoyait son épouse à son κύριος, c'est-à-dire à l'homme sous la puissance duquel elle se trouvait placée. En la congédiant, il lui remettait ce qu'elle avait apporté dans la maison conjugale. Il n'était besoin d'aucune formalité; toutefois on appelait ordinairement des témoins pour assister à ce renvoi. (Lysias, c. *Alcibiade*, 541. 7. — Glasson, op. citat. 151-152. — Poulle, *du Divorce*. — Willequet, du *Divorce*. p. 11). Sauf le cas d'adultère la femme qui divorçait reprenait donc sa dot ; chez les Grecs, en effet, le patrimoine de chacun des époux était séparé, et chacun des époux contribuait pour sa part aux charges communes du ménage.

La restitution de la dot était garantie par des actions spéciales, par un privilège légal, et même le plus souvent par une hypothèque. (Gide, op. citat. p. 83 et 85. — Platner, op. citat. II, 272.)

L'ἀπολειψις, demande de divorce par la femme, était entourée de formalités difficiles et pénibles. La femme qui voulait y recourir devait se rendre en personne devant l'archonte et présenter à ce magistrat un écrit de sa main, dans lequel étaient exposées les causes du divorce qu'elle croyait pouvoir invoquer. (Plutarque, *Alcibiade*.) Un passage de Pollux autorise cependant à dire que la femme pouvait se faire représenter par un proche dans l'accomplissement de ces démarches pénibles. (Willequet, op. citat. p. 11.)

La femme pouvait divorcer lorsque son mari la prostituait, ou s'il lui faisait subir de mauvais traitements. La jeune fille, héritière unique, qui avait été mariée avec son plus proche agnat, pouvait divorcer si son mari était impuissant, mais elle devait épouser celui qui le suivait dans la famille. (Plutarque, *Vie de Solon*, chap. 20. — Poulle, op. citat. p. 11. Diogène de Laërte, IV, 27 — Meïer, *attische process*, p. 288. — Petit, VI, 1, § 13.)

Anciennement le divorce résultait aussi de ce que le mari avait donné sa femme à un autre avec le consentement de celle-ci. Mais cette ancienne forme de divorce par consentement mutuel est tombée de bonne heure en désuétude. (Cr. Mayer *die Rechte der Isreali-ten*, II, § 229.)

La loi athénienne imposait le divorce aux époux dans deux cas : pour cause d'adultère de la femme et lorsque l'un des époux, étranger, n'était parvenu à contracter mariage, qu'en se faisant passer pour Athénien (Démosthènes, c. Néera, 1350, 17 ; 1353, 4. — Petit VI, I, § 5.) La femme convaincue d'adultère n'avait pas le droit de se remarier avec son complice ; elle était notée d'infamie et, comme telle, privée du droit d'entrer dans les temples et de s'orner des parures réservées aux femmes honnêtes. (Démosthènes, c. Néera, 1374. — Petit, VI, § 5). Dans les premiers temps de la République, on arrachait les cheveux de la coupable et on lui jetait sur la tête de la cendre chaude ; puis elle était mise à mort. (Dumas, *la question du Divorce*, p. 76.)

Platon, dans son *Livre des lois*, admettait le divorce,

et il regardait l'incompatibilité des caractères des époux comme une cause suffisante de séparation. Mais il voulait en même temps que l'on ne recourût à cette mesure extrême qu'en cas de nécessité absolue. Il voulait que le mariage ne fût dissous qu'après qu'un conseil composé de dix gardiens des lois et de dix femmes prises parmi celles qui, dans son plan social, sont chargées d'inspecter les mariages, eût interposé sa médiation pour tenter de réconcilier les époux. Si cette intervention ne menait pas à un résultat heureux, le même conseil devait chercher à faire contracter par les époux divorcés de nouvelles unions, et, dans le choix d'un nouveau conjoint pour chacun d'eux, les membres du conseil devaient prendre en considération le caractère du mari et celui de la femme divorcés, et circonstance importante, s'il y avait ou non des enfants issus de l'union dissoute. (Willequet, op. citat. p. 12.)

A Sparte nous trouvons aussi le divorce établi. L'adultère de la femme y était puni de la peine du parricide. (Dumas, *la question du Divorce*, p. 76.) La stérilité de la femme y était une cause péremptoire de divorce. C'était là une conséquence nécessaire du principe d'absorption de l'individu par l'Etat qui était la base de la constitution politique de Lacédemone. Bien d'autres causes de divorce existaient sans doute ; mais le moyen de le constater d'une manière positive fait défaut. (Willequet, op. citat. p. 12.)

CHAPITRE HUITIÈME

DROIT ROMAIN.

§. I. *Introduction. De la famille et du mariage à Rome.*

Le divorce était admis par les lois de Rome. C'est à la langue latine que nous avons emprunté le mot de divorce : « *Divortium vel a diversitate mentium dictum est, vel quia in diversas partes eunt qui distrahunt matrimonium. L. 2. p. D. XXIV. 2. Divortium ex eo dictum est quod in diversas partes eunt qui discedunt. L.* 19. *D.* 4. 16. » Le divorce est l'acte par lequel deux personnes unies pour parcourir ensemble le chemin de la vie se détournent l'une de l'autre. Outre le *divortium* qui servait à dissoudre une union contractée d'une manière parfaite, les Romains avaient encore le *repudium* qui consacrait la rupture des fiançailles, la renonciation à un mariage futur. — Le mot *repudium* était encore usité pour indiquer une mesure préparatoire du divorce proprement dit, par exemple le renvoi de la femme. C'est ce que constatent les lois

3 et 7, D. XXIV. 2. *Ideoque per calorem misso repudio, si brevi reversa est uxor nec divertisse videtur.* (Willequet, *du Divorce.*)

Pour bien faire comprendre ce qu'était le divorce chez les Romains, il est indispensable de rappeler quelle était la législation romaine sur le mariage.

A Rome, l'autorité du père est souveraine, abaissant tout sous son niveau. Tous les membres de l'ancienne famille romaine, père, mère, enfants, belles-filles, formaient une étroite association et ne faisaient plus qu'une seule personne juridique.

Tous les biens qui entraient dans la famille se confondaient en une sorte de communauté et ne faisaient plus qu'un seul patrimoine. Le seul chef de cette association, le seul maître de cette communauté, c'est le père. (Gide, op. citat. p. 102.) Le père est le maître de de la vie comme de la fortune de ses enfants. (Cicéron, *de Officiis*, 1. 17.) Quoique l'organisation de la famille reposât sur la puissance paternelle, la loi civile s'était attachée à entourer les justes noces de conditions sévères pour en relever la dignité et l'importance; c'est qu'en effet, elles étaient avec l'adoption, la principale source de la puissance paternelle. Les jurisconsultes romains définissent le mariage : *viri et mulieris conjunctio individuam vitæ consuetudinem continens* ; ou *nuptiæ sunt conjunctio maris et feminæ, consortium omnis vitæ, divini et humani juris communicatio.* Quelques-uns ajoutent à cette définition les mots *liberorum quærendorum causa,* que le censeur prononçait lors du recensement.

A côté du mariage, le droit romain reconnaissait encore d'autres unions, le *concubinat* qu'il ne faut pas confondre avec le concubinage, le *matrimonium juris gentium* pour les *peregrini*, le *contubernium* entre esclaves. Mais le législateur romain avait conservé toute sa sollicitude pour les justes noces. Le concubinat, sorte d'union morganatique, ne donnait pas au père la puissance sur son enfant et reléguait la femme à un rang fort inférieur dans la vie sociale.

Sauf exception pour les mariages par *confarreatio*, qui tombèrent en désuétude dès la fin de la République, les justes noces étaient un acte purement civil, formé par le consentement et la *deductio uxoris in domum mariti*, en dehors de toute intervention de l'autorité publique. Les jurisconsultes romains en donnent une définition aussi belle que vraie : *Individua vitæ consuetudo*. Les justes noces étaient soumises à des conditions nombreuses, établies dans l'intérêt des époux, de leur famille et de l'Etat. (Justinien, *Institutes. De nuptiis*, liv. I, tit. 20.) On appelait *jus connubii* la faculté qui existait entre deux personnes de pouvoir s'unir par les liens du mariage. Ce *jus connubii* était à l'origine soumis à de nombreuses restrictions : dans la suite, on en supprima quelques-unes, mais sans jamais compromettre la dignité du mariage. (Ulpien, liv. V, tit. I, § 2.) Ainsi, dans l'ancien droit romain, les patriciens ne pouvaient se marier qu'entre eux, peut-être aussi avec les latins de même qualité (Mommsen, *Staastverwaltung*, I, p. 53), mais le *jus connubii* ne fut établi entre patriciens et plébéiens que par la loi du tribun Canuleius, *de connubio patrum et plebis*. (Cicéron, *De Republica*, 2, 37, 63. — Denys d'Halicarnasse, X, 60 ; XI, 28.) Dans la suite, les Latins ayant obtenu le droit de cité, purent aussi contracter de justes noces ; de même tous les Italiens, à la suite de la loi *Julia et Plautia Papiria*. Enfin sous l'empire, l'empereur Caracalla ayant conféré la qualité de citoyens à tous les habitants de l'empire, le *connubium* exista aussi au profit des habitants des provinces. (Prudentius, c. *Symmachum*, II, 612.) A partir de cette époque, les principaux empêchements au *connubium* sont ceux qui existent entre personnes libres et esclaves, ou entre parents et alliés à un degré rapproché ; le premier empêchement est absolu, le second, relatif. (Accarias, *Droit Romain*, n° 91 a. — Glasson, op. citat. p. 156 et 157.)

Pour pouvoir contracter mariage, il fallait avoir atteint quatorze ou douze ans, suivant le sexe. Mais, en fait, les hommes ne se mariaient pas avant d'avoir pris la toge virile, et les filles attendaient encore plusieurs années après avoir atteint la nubilité. (Friedlander, *Dastellungen*, I, p. 549 et suiv.)

Celui qui voulait se marier n'était soumis à aucun consentement d'autrui s'il était *sui juris*. Mais les personnes *alieni juris*, devaient à tout âge, obtenir le consentement du *paterfamilias* sous la puissance duquel elles étaient placées.

Il y avait à Rome, dans le principe, deux sortes de

mariages, d'une nature bien distincte, le *matrimonium justum*, *justæ nuptiæ* et le *matrimonium injustum*. Le premier était le mariage du droit civil, le second, le mariage du droit des gens.

Le mariage du droit civil et le mariage du droit des gens étaient également honorables. Mais, le *matrimonium justum* produisait des effets bien autrement étendus que le *matrimonium injustum*. Pour être admis aux *justæ nuptiæ*, les époux devaient avoir le *connubium*. Les enfants issus de justes noces étaient *justi liberi*, *legitimi*; ils étaient placés sous la puissance complète, absolue du père.

Il y avait deux espèces de *justæ nuptiæ*, suivant que la femme restait dans sa famille, ou entrait dans celle de son mari.

Lorsque la femme devait, malgré le mariage, rester *sui juris* ou sous la puissance de son *paterfamilias*, le seul échange des consentements, suivi de la *deductio uxoris in domum mariti* suffisait; lorsque la femme devait à la suite de son mariage être soumise à la puissance du mari (*manus, cum in manu conventione*) puissance rigoureuse qui l'assimilait à un enfant *filiæ loco* sur lequel s'exerçait la *patria potestas*, elle devenait *mater familias* et d'autres formalités étaient nécessaires pour rendre le mariage parfait. (Willequet, *du Divorce.*) La *conventio in manu mariti*, se faisait de trois manières, par trois sortes de mariages : la *confarreatio*, la *coemptio* et l'*usus*.

Olim itaque tribus modis in manum conveniebant : usu, farreo, coemptione. (Gaius, 1. 110.)

La *confarreatio* était le mariage religieux, γαμιας χατὰ τοὺς ἱερους. (Denys d'Halicarnasse II. 25.) Etablie par Romulus, elle consistait dans une cérémonie qui avait lieu devant le grand pontife, ou le flamine de Jupiter, en présence de dix témoins. Des paroles solennelles étaient prononcées, et les époux se partageaient un pain de froment (*fareus panis*), pour montrer qu'ils étaient unis dans les croyances religieuses du même culte, celui du mari. Les patriciens seuls, à l'origine pouvaient employer ce mode : les enfants issus d'un mariage par *confarreatio* étaient seuls capables de remplir les fonctions de prêtre de Jupiter, de Quirinus et de Mars. Tacite nous raconte que, par la suite, la *confarreatio* devint très rare, et il ajoute même qu'à l'époque de Tibère, par suite de l'insouciance des deux sexes et à cause des difficultés de la cérémonie qu'on aimait à s'épargner, on eut beaucoup de peine à trouver dans Rome, trois patriciens issus « *ex confarreatis parentibus* » parmi lesquels on put choisir le successeur du flamine de Jupiter. (*Annales*, Tacite. IV, 16.)

Sauf le cas de *confarreatio*, les justes noces, même avec *manus*, étaient un acte privé et non public, civil et non religieux ; l'autorité publique n'y prenait aucune part. La *coemptio* était le mariage civil. C'était une vente solennelle et symbolique, en présence de cinq témoins et d'un *libripens* que le *paterfamilias* faisait de la personne de sa fille au futur mari. (Gaïus, I, 113).

D'ailleurs ce contrat suppose aussi le consentement de la fille et non pas seulement celui du *paterfamilias*. (Boethius, p. 299.) Lorsque la femme était *sui juris*, elle faisait elle-même mancipation de sa propre personne, mais pour tomber *in manum*, la femme *sui juris* avait besoin de l'*auctoritas tutoris*. D'un autre côté, les formes de la *coemptio* différaient sous un rapport de celle de la mancipation ordinaire : l'acquéreur ne prononçait pas les mêmes paroles que s'il s'agissait pour lui d'acquérir la propriété d'un esclave ou le *mancipium* sur un fils de famille, et grâce à cette différence, la femme ne se trouvait pas un seul instant et même pour la forme placée *in servili causâ* comme le fils de famille que son père mancipait. (Gaïus, I, 113 et 123.) On a prétendu, mais sans donner des preuves à l'appui, que le mariage avec *coemptio* était réservé aux plébéiens, comme le mariage par *confarreatio* aux patriciens. En admettant que cette conjecture ait été vraie à une époque ancienne, elle dut cesser de l'être le jour où les mariages furent permis entre les deux ordres, et à plus forte raison lorsque la *confarreatio* eut perdu son antique effet.

Le mariage avec *coemptio* peut se décomposer en deux actes distincts : l'échange des consentements qui forme les justes noces, et la *coemptio* qui donne naissance à la *manus*. La mancipation n'est ici qu'un moyen de produire la *manus*; elle n'est nullement nécessaire pour la formation du mariage. Cela est tellement vrai que la femme pouvait tomber *in manum* d'un autre que son mari, ce qui fait dire à Gaïus que la *coemptio* a lieu *aut matrimonii causa, aut fiduciæ causa*. (Gaius, I, 114. — Glasson, op. citat. p. 164.)

Dans l'*usus*, comme dans la *coemptio*, le mari acquiert symboliquement sa femme par un mode emprunté aux manières de transférer la propriété. Ce qui se faisait dans la *coemptio* par un achat, se faisait dans l'*usus* par la prescription annale, par l'usucapion. (Gaïus, I, 111.) Le mariage avait lieu *usu* quand la femme demeurait auprès du mari pendant un an, sans interrompre cette prescription par une absence de trois nuits (*trinoxium*). La femme *sui juris* ne tombait jamais *in manum mariti* par l'effet de l'*usus*, cet effet était limité aux femmes *alieni juris*. En effet l'*auctoritas* du tuteur devant être interposée *in ipso actu* et supposant la prononciation de paroles solennelles, on ne la conçoit pas validant les résultats d'une simple inaction prolongée. (Cicéron, *pro Flacco*, 34.)

Tels étaient les mariages du droit strict chez les Romains. Mais à mesure que le peuple se relâcha de la rigidité de ses principes et de ses mœurs, et que le respect pour ses antiques institutions faiblit, les formes premières du mariage romain apparurent comme des charges trop lourdes, des difficultés trop grandes. (Tacite, *Annales*, IV, 16.) Les femmes regardèrent la *manus* comme un pouvoir trop despotique pour s'y soumettre bénévolement. Elles préférèrent rester sous la puissance de leur père ou rester libres, que de se donner un maître. C'est par là que peu à peu la *con-farreatio* tomba en désuétude, et qu'à côté de la *coemptio* et de l'*usus* auxquels on avait de moins en moins recours, il s'établit un mariage libre, bien qu'il fût *justum matrimonium*. Ce mariage était *solo consensu* et avec *deductio uxoris in domum mariti*. Dans cette union les deux époux avaient des droits égaux : le mari n'avait aucun droit sur sa femme, celle-ci conservait l'état qu'elle avait en se mariant, elle restait ou *sui juris* ou demeurait sous la puissance de son père ou de son tuteur.

Ces considérations générales étaient nécessaires pour expliquer la raison d'être du divorce à Rome.

§ 2. *Du Divorce dans la sociéte romaine.*

Dans les premiers temps, le divorce fut peu employé à Rome ; il était permis par les lois, mais il était défendu par les mœurs et par la religion.

A la suite des guerres qui avaient donné aux Romains l'empire du monde, des richesses immenses s'étaient accumulées entre leurs mains ; le nombre des esclaves hommes ou femmes, était devenu considérable ; les mœurs dépravées de la Grèce avaient remplacé l'austérité des premiers temps. Il n'est pas difficile de comprendre que les citoyens romains, propriétaires d'un grand nombre de filles esclaves, ne tinrent plus compte du devoir de fidélité qui les liait à leurs femmes. Bientôt leur immoralité ne connut plus de bornes.

De leur côté, les femmes,délaissées par leurs maris, ne tardèrent pas à imiter ce mauvais exemple et bientôt même elles songèrent à se débarrasser de leurs époux par le poison. En l'an 422, 170 matrones furent convaincues d'empoisonnement, et parmi elles figuraient un grand nombre de patriciennes qui avaient contracté de justes noces par *confarreatio*. (Tite-Live, VIII. 18. — Valère Maxime II. 5. 3. — S. Augustin, *la Cité de Dieu*, III, 17. — Glasson, op. citat. p. 177.)

Ce n'est cependant que vers le milieu du v° siècle que les historiens placent le premier divorce connu : en l'an 447 de la fondation de Rome, Lucius Antonius répudie sa femme. (Valère Maxime, II, c. 1. — Aulu-Gelle : *Nuits attiques*, c. III.)

Cependant, cent cinquante ans auparavant, la loi des Douze Tables avait renouvelé et étendu les dispositions de Romulus qui permettaient la rupture volontaire du mariage ; aussi sommes nous portés à croire que ce divorce ne fut pas le premier : comment admettre que les lois s'occupent d'une institution dont on n'use pas ? Ce qui est probable, c'est que les divorces étant alors fort rares, celui de Lucius Antonius attira davantage l'attention des contemporains, à cause de la situation du personnage et des circonstances qui l'accompagnèrent. Valère Maxime rapporte en effet que Lucius Antonius fut chassé du Sénat pour avoir divorcé sans prendre conseil de ses amis (*concilium*).

(Depeyre, *Le divorce et la séparation de corps*, p. 4).

Quoi qu'il en soit, les premiers divorces signalés par les historiens appartiennent au ve siècle.

Après L. Antonius, c'est un préteur Sempronius Sophus, qui en l'an 470 répudie sa femme parce qu'elle a assisté aux jeux publics à son insu ; et au commencement du siècle suivant, Aulu-Gelle et Valère Maxime signalent encore un divorce qui fut fort remarqué : un chevalier, Cardilius Ruga, répudie sa femme. Il l'aime, mais il a juré de se marier *liberorum quærendorum causa*, et elle est stérile : avant tout il fait passer le respect de son serment. A partir de ce moment le divorce devient fréquent. (Plaute, *Aulularia*, act. II et III ; *Asinaria*, act. I) et (Térence, *Andria*, act. III ; *Phormion*, act. IV) écrivent leurs comédies les plus mordantes contre le divorce.

C'est l'époque où Paul Emile divorce avec Papyria, la mère du Grand Scipion. C'est aussi alors que : un gentilhomme romain ayant épousé une belle, riche et honnête jeune dame la répudia : de quoi tous ses amis le reprirent et tancèrent bien âprement : et lui, tendant le pied, leur montra son soulier, en leur demandant que lui faut-il ? n'est-il pas beau ? n'est-il pas tout neuf ? et toutefois, il n'y a celui de vous qui sache l'endroit où il me presse et me blesse. (Plutarque, *OEuvres morales*, traduction d'Amyot.)

Caton d'Utique, en dépit de sa réputation de vertu, répudie une première épouse, et se marie ensuite avec Marcia. Puis, pour être agréable à son ami Hortensius, il divorce de nouveau, et Marcia devient la femme d'Hortensius, Celui-ci s'en fatigue bientôt, et à son tour il la répudie. On voit alors Caton la reprendre et épouser ainsi en troisièmes noces celle qui a déjà été sa seconde femme. (Plutarque, *Vie de Caton*, XXXVI.)

Sylla nous offre un nouvel exemple de ce va-et-vient matrimonial et, en dernier lieu, il épouse une femme qu'il rencontre au cirque, et qui, elle aussi, n'en est pas à son premier mari. (Plutarque, *Vie de Sylla*, XIV, LXXVII.)

Pompée fait de même. L'ayant en grande admiration pour sa vertu, et estimant que ce lui serait un grand appui pour la sûreté de ses affaires, Sylla chercha de s'en allier et de se le joindre comment que ce fut par alliance : en quoi Métella, sa femme, étant de son avis, ils firent tant qu'ils persuadèrent à Pompée de répudier sa femme Antistia pour épouser Æmilia, fille de Métella, et de son premier mari Æmilius Saurus, laquelle était aussi mariée à un autre et enceinte. (Plutarque, *Vie de Pompée*, XIV.)

Les poètes nous font un triste tableau des mœurs de cette époque. Plaute nous montre deux matrones dont l'une se plaint et que l'autre console et exhorte. « Ecoute-moi, dit la conseillère, ne lutte pas avec ton mari, laisse-le aimer, fais ce qui lui plaira, puisque rien ne te manque chez toi : prends garde au mot redoutable : dehors, femme. » (Plaute, *Casina*, act. II, 2.) C'est là, en effet, la formule terrible qui oblige toute femme pauvre à souffrir en silence. « La femme sans

dot est à la disposition de son mari ; les femmes do-
tées sont des bourreaux pour leurs époux. » (Plaute,
Aulul. Act. III, 5.)

On pourrait croire que le poète, comme tous les satiriques, exagère, mais la réalité est encore plus triste.
Cicéron, obéré par les honneurs qu'il briguait, répudie
Terentia pour épouser Publilia « dont il était devenu
amoureux pour sa richesse, afin que des biens d'elle
il pût satisfaire à ses créanciers. » Quelque temps après
il rompt ce nouveau mariage parce que Publilia n'a-
vait pas assez pleuré la mort de sa fille Tullia. Et cependant Cicéron s'écriait un jour, parlant des autres:
O tempora ! O mores ! (Plutarque, *Vie de Cicéron*, LII.)

César répudie sa femme sur un simple soupçon d'a-
dultère, parce que la femme de César ne doit pas
même être soupçonnée.

A la fin de la République et au commencement de
l'empire, il était de bon goût de divorcer et de se marier plusieurs fois ; Ovide et Pline le jeune se mariè-
rent trois fois, César et Antoine quatre ; Cinna et Pompée cinq ; Tullia, la fille de Cicéron, eut trois maris.
Une inscription funéraire de l'empire nous parle d'une
septième épouse, et les auteurs satiriques vont même
encore plus loin. (Marquardt, *Privatlebern der Romern*
p. 70.) Les femmes comptaient les années par le nombre de leurs maris. (Sénèque, *de Beneficiis*, III, 16.)
Les femmes qui n'avaient allumé qu'une fois le flam-
beau de l'hyménée, étaient très honorées. Juvénal dé-

clare qu'une bonne épouse est plus rare que le corbeau blanc. (Sat. VII, 202.)

Il est facile de comprendre qu'au temps d'Auguste beaucoup de citoyens en étaient arrivés à considérer le mariage comme une calamité et à préférer le célibat. Les lois caducaires voulurent remédier à cet état de choses en frappant d'incapacité les *libes* et les *orbi*; mais elles ne firent qu'aggraver le mal. Pour éviter ces incapacités, on contractait des mariages précipités, sauf à les rompre avec la même facilité ; on se mariait moins pour avoir des héritiers que pour être soi-même héritier. (Glasson, op. citat. p. 178.) D'ailleurs l'empereur lui-même donnait le mauvais exemple, ainsi que son entourage. Senèque, Denys d'Halicarnasse, Tacite, rapportent qu'Auguste répudia plusieurs épouses, usant de son pouvoir absolu pour faire divorcer les citoyens dont il désirait les femmes, (Tacite, lib. I, c. x, lib. V, c. i), et qu'on ne comptait plus les mariages de son favori Mécène.

Il règne de l'incertitude dans les auteurs anciens pour savoir le moment où le droit de divorce fut accordé aux femmes. Il paraîtrait par un passage de Plaute, dans sa comédie du *Marchand*, que vers l'an 563 de Rome, le droit de répudier n'était pas encore accordé à la femme. Plutarque prétend que Domitien fut le premier qui permit le divorce aux femmes. D'autres reculent cette loi jusqu'à Julien l'Apostat ou le jurisconsulte. Quoi qu'il en soit, sous l'empire, les divorces se multiplièrent encore.

Les empereurs chrétiens, les premiers, réprimèrent avec quelque succès ces débordements. Constantin détermina strictement les causes du divorce, et fit défense de se remarier à ceux qui se seraient séparés sans motif légal. Ses successeurs, secondés comme lui par l'influence morale du christianisme, imitèrent son exemple, tout en permettant cependant le divorce par consentement mutuel (*bona gratia*).

Ce fut Justinien qui supprima cette dissolution du mariage par volonté mutuelle ; il ne permit le divorce *bona gratia* qu'aux époux qui voulaient faire des vœux (nov. 117, c. 10). Quant à l'autre divorce, il énuméra dans la novelle 117, c. 8 et 9, toutes les causes pour lesquelles un époux pourrait le demander. (Wille-quet. op. citat. p. 20.)

Nous avons montré jusqu'ici ce que fut le divorce dans la société romaine ; nous allons maintenant en étudier le fonctionnement aux diverses époques que nous avons indiquées.

§ 3. *Qui peut demander le divorce.*

En établissant la faculté de rompre le mariage, Romulus ne l'accorde qu'au mari, et Plutarque qui le rapporte, blâme la non réciprocité de ce droit, et pour cela qualifie cette loi de fort dure. C'était alors un simple effet de la puissance maritale. Le mari avait, par la *manus*, le droit de vie et de mort sur la personne de sa femme : à plus forte raison devait-il pouvoir la chasser.

Il est probable que la réciprocité du droit de répudier, le divorce proprement dit, fut reconnue par la loi des Douze-Tables. Montesquieu, (*Esprit des lois*, liv. XVI, c. xvi) le pense, ajoutant que ce dut être une des institutions que les députés de Rome rapportèrent d'Athènes. (Comp. *Lois de Solon.*) En effet, tandis que la loi des Douze Tables remanie la législation de Romulus sur le divorce, il n'existe aucune loi qui ait été faite expressément pour donner ce droit à la femme ; et cependant, lorsque au ve siècle le divorce entre dans les usages, nous voyons la femme le demander aussi bien que le mari, sans qu'aucune protestation s'élève, en même temps que nous voyons le divorce par le consentement mutuel, qui est la suite de cette réciprocité, commencer à fonctionner. Cette extension à la femme du droit de divorcer est d'ailleurs conforme au principe accepté : *Nihil tam naturale est quam eo genere quid quid dissolvere quo colligatum est.* (L. 38. L. XVII.) Dès lors, après la rupture du mariage, la femme peut exiger du mari la dissolution de la *manus.* (Gaïus, I, 137.)

La faculté du divorce est d'ordre public : on ne peut y renoncer par la convention. Les deux époux peuvent toujours en user ; et tout accord serait nul par lequel ils s'interdiraient réciproquement le divorce, ou qui porterait stipulation d'une somme que le divorçant devrait payer à l'autre à titre de peine. (L. 2. VIII, xxxix.

Code.) L'époux est donc libre, du moins en principe, de divorcer. Mais encore faut-il que son intention soit sérieuse, qu'il ait la ferme volonté de rester à jamais séparé de son conjoint, *quod animo perpetuam constituendi dissentionem fit.* (L. 3, XXIV, ii, *de divortiis et repudiis.*) L'intention manifestée dans un moment de mauvaise humeur ou dans un accès de colère ne suffit pas ; il n'y a là qu'une querelle sans conséquences, *jurgium vel fribuculum, non divortium.* (L. 31, XXIII, iii. et L. 32, § 12, XXIV, i.) Pour qu'une volonté manifestée ainsi produise son effet, il faut qu'elle persévère ; (L. 3, *de divortiis et repudiis*, et L. 48, L, XVII) et si, peu après avoir envoyé le *libellus repudii* dans la chaleur de son emportement, l'époux en manifeste le regret, il n'y a pas de divorce. Toutefois en pareil cas, si l'époux qui a reçu le *libellus* ne veut pas revenir à la vie commune, le mariage est dissous ; mais le divorce est réputé avoir lieu par la faute du conjoint à qui le libelle avait été envoyé. (L. 7, *de divortiis et de repudiis.*)

D'ailleurs, sauf bien entendu le cas de divorce par consentement mutuel, le consentement de l'autre époux n'est pas nécessaire ; il importe donc peu qu'il n'ait pas reçu le *libellus repudiationis.* En effet, outre que la loi 6. V. XVII, *de repudiis,* au Code le dit formellement, la loi 9 au même titre qui indique les formalités nécessaires à la validité du divorce, ne mentionne pas cette notification ; et la loi 4 ibid. permet de répudier le conjoint atteint de folie, *qui a loco ignorantis habetur.* (Depeyre. op. citat. p. 14.)

La volonté des époux ne suffit pas toujours pour rompre le lien conjugal. Quelques réserves doivent être faites, et il faut distinguer suivant qu'il s'agit d'une personne *sui juris* ou *alieni juris*. Dans le premier cas, à l'origine, il est vrai de dire que le divorce est véritablement un acte libre. Mais en ce qui concerne les enfants *alieni juris*, des droits considérables avaient été donnés au père dont le consentement devait être demandé pour divorcer, mais qui en plus pouvait rompre à sa volonté le mariage qu'il avait autorisé. C'était un pouvoir arbitraire et dangereux. La loi obligeait le père à doter sa fille (L. 19, D. XXXIII, ii) ou à con_sentir à son mariage; pour compléter cette réforme, commencée par Auguste, Antonin le Pieux fit préva-loir les droits du mari sur ceux du père. Et alors les tribunaux qui, au besoin, contraignaient le père au mariage, purent aussi le contraindre à respecter le ma-riage accompli. (L. L. I. § 5. — 3. D, XLIII, xxx. — L. II, C. V, IV. — Gide, p. 134. — Poulle, op. citat. p. 34.) Le père conserva cependant le droit de provoquer lui-même le divorce de ses enfants dans les cas de force majeure, ou lorsque l'enfant se trouvait, par suite de son état de démence, dans l'impossibilité de manifester sa volonté. (L. 4, V. XXIV, ii.)

Le père n'avait pas ce pouvoir exceptionnel en ce qui concernait ses enfants émancipés. La mère ne l'eut jamais et à aucune époque. (L. L. 4 et 5. C. V. XVI.) Justinien confirmant toute cette législation, décida ce-pendant que les enfants, en puissance ou non, ne pourraient pas divorcer sans le consentement des père et mère, à peine de perdre la dot ou la donation *ante nuptias* que ceux-ci leur avaient constituée ou avaient reçue en leur nom (L. 12. C. V. XVII). C'était là un moyen de remédier à une fraude assez fréquente : les enfants répudiaient sans cause légitime, mais en réalité pour forcer leurs parents à la restitution de la dot et de la donation *ante nuptias*. Puis ils vivaient ensemble et se réunissaient secrètement. (Nov. XXII, chap. xix.) En conséquence, Justinien décida que le divorce ainsi prononcé n'aurait aucune influence contre les parents et qu'on ne pourrait pas les contraindre au payement des amendes qui étaient infligées dans les cas de divorce injuste. (Poulle, op. citat. p. 35.)

Les fous dont l'incapacité est absolue, n'ayant pas leur volonté libre, ne peuvent divorcer. Mais que faut-il entendre par fous ? Faut-il, sous ce nom, ranger tout individu dont la raison est troublée ? Faut-il y ranger le seul fou furieux, celui dont la démence se manifeste par des violences et des idées extravagantes, mais qui a des retours passagers à la raison, *furiosus* ; ou bien faut-il y comprendre aussi l'imbécile, *insanus*, dont le trouble intellectuel n'a pas d'intervalles ? La question est délicate. Avec la législation des Douze Tables nous croyons que le *furiosus* était seul incapable de divorcer, en dehors des intervalles lucides bien entendu, car cette loi ne donne un curateur qu'à lui seul, et ne s'occupe pas de l'*insanus*, (Cicéron. *De invent.*, II, 50.) Mais avec le droit classique, cette incapacité dut s'étendre à l'*insanus*. En effet, si dans plusieurs textes (L. 22, § 8 et 9, XXIV, III) il n'est question que du *furiosus*, nous voyons à la loi 4 du titre *de divortiis et repudiis*, les termes *furor* et *dementia* employés indistinctement ; or la *dementia* comprend et la *furor* et l'*insania*. En outre, c'est à cette époque que l'incapacité générale du *mente captus* ou *insanus*, déjà reconnue par l'édit du préteur, passe définitivement dans la loi. (L. 25, V, IV, au Code et Institutes de Justinien, I, XXIII, § 4.) Les fous ne peuvent donc pas divorcer, mais ils peuvent être répudiés, mais leurs pères peuvent divorcer pour eux. (Depeyre, op. citat. p. 18.)

L'esclave qui a été affranchie, puis épousée par son patron, ne peut le répudier (L. 45, D., XXIII, II.) Si elle divorce malgré cette défense, elle ne peut pas recouvrer sa dot, ni s'unir, *invito domino* à un autre homme, soit en mariage, soit en concubinat. (L. 51 pr. D. XXIII. II. — L. L. 10 et 11, D. XXIV. II. — L. 2 pr. D. XXV. VII.) La défense cesse pour l'affranchie, dès qu'on peut induire des sentiments du patron qu'il ne veut plus la regarder comme sa femme. (L. 11, § 2. D. XXIV, II.)

Il est absolument impossible à l'affranchie de répudier le patron, s'il est fou ou incapable de manifester son consentement. (L. 45. § 5, XXIII, II.) Mais le mariage est dissous si le patron est *deductus in servitute*. Ceci devrait s'entendre de toute servitude ; cependant Ulpien distingue entre la servitude *juris gentium* et l'autre servitude, décidant, par une dérogation aux principes fondés sur la *reverentia* due au patron, que s'il est prisonnier de guerre, son mariage subsiste. (L. 45, § 6. XXIII, II.)

Ce que nous venons de dire du mariage du patron avec son affranchie n'est pas vrai du mariage de la patronne avec le *libertus* qu'elle a affranchi. La femme prenant la condition de son mari, la patronne s'est abaissée jusqu'à son affranchi : devenu son époux, celui-ci ne lui doit plus la *reverentia*. Les textes sont muets sur ce point, mais l'organisation de la famille romaine commande cette solution.

La dernière incapacité que nous avons à signaler est celle du flamine de Jupiter. C'est la plus grave; car tandis que le fou peut divorcer dans les intervalles lucides et que l'affranchie peut briser le lien conjuga au moyen du divorce par consentement mutuel, le flamine ne peut jamais, de quelque manière que ce soit, dissoudre volontairement son mariage. (Depeyre, op. citat. p. 20.)

Enfin, à partir de la loi Julia *de Adulteriis*, le mari est obligé de répudier sa femme adultère, sinon il doit encourir les peines du *lenocinium* (L. 2, § 2 et L. 29 pr. XLVIII, V.) Dans le cas d'adultère, le mari ne peut plus tuer sa femme, comme avant Auguste, mais il doit la répudier.

Sous Auguste, c'est l'Etat qui prend soin de venger l'honneur du mari; tout citoyen peut traduire devant les tribunaux criminels la femme soupçonnée d'adultère : si le mari veut se faire justice à lui-même, s'il tue sa femme, fût-ce en flagrant délit, il est puni comme meurtrier. Le père seul a conservé le droit de tuer, au moment du délit, sa fille et le complice. (L. L. 22 § 4, 23, § 4, 20 et 21, 24 pr. et § 1, 32. D. XLVIII. V — Paul, sent. 1, 26, 4.) L'adultère du mari continue à n'être pas punissable. Mais pour que l'adultère de la femme soit punissable, il faut qu'au fait matériel se joigne l'intention coupable. (L. 12, D. XLVIII, V.) La femme adultère ne pouvait être punie que si c'était une *mater familias*, car la loi romaine ne surveillait que la matrone, la femme de la bonne société. Quant aux autres, ce sont des femmes « *in quas stuprum non committitur.* » (L. 1, § 1, D. 25. 7.)

Mais pour que le mari soit tenu de répudier sa femme et de faire punir son complice, sous peine de commettre le délit de *lenocinium*, il faut qu'il ait surpris sa femme en flagrant délit. (Esmein, op. citat. p. 23. L. 29. § 2. D.)

La loi Julia disparut peu à peu, malgré les efforts tentés par les empereurs et notamment par Domitien et Septime Sévère. Le meurtre de la femme adultère était interdit au mari; dans la suite, le droit nouveau lui accorda dans ce cas une mitigation de la peine, quelque chose comme l'excuse atténuante que reconnait notre droit français. (Poulle, op. citat. p. 38.)

onstantin rétablit contre l'adultère la peine de mort, parce qu'alors, sous l'influence du Christianisme qui venait de reconstituer la famille, la voulant sainte et forte, la religion consacrait le mariage, et la violation de la foi conjugale était presque un sacrilège. (Esmein, op. citat. p. 73 et 74.) Mais la poursuite de l'adultère, à partir de cette époque, ne fut plus permise qu'aux parents, et Constantin déclara que dorénavant l'accusation ne serait plus ouverte qu'aux personnes *proximæ et necessariæ* : le mari, et à son défaut le père, l'oncle paternel et l'oncle maternel. (L. 30 pr., C. IX; L. 2. C. Théod. IX. VII.) L'adultère du mari, par une juste réciprocité, devient une cause de divorce que la femme peut invoquer. (L. 8. §§ 2, 4, C. V, XVII.)

Justinien maintint la peine de mort pour l'*adulter* et les fauteurs du délit (Nov. CXXXIV, chap. x), mais il adoucit la situation de la femme adultère. Le divorce n'est plus le préliminaire obligatoire de la poursuite en adultère, et le mari peut pardonner même après la condamnation. Le mari ne peut divorcer pour cause d'adultère que s'il a d'abord poursuivi et fait condamner sa femme. (Nov. CXXXIV, chap. viii, § 2.) Si la femme est condamnée, elle sera fustigée, puis enfermée dans un cloître. (Nov. CXXXIV, chap. x et xvi.) Le mari a deux ans pour pardonner; s'il pardonne, le mariage sera considéré comme existant toujours.

Le mari peut tuer le complice impunément, même en dehors du flagrant délit, sauf à faire constater par trois témoins honorables qu'il a trouvé sa femme avec son amant. (Nov. CXXXIV, chap. xv.)

§ 4. *Causes du divorce.*

Au point de vue des causes qui peuvent le produire, le divorce se présente sous un triple aspect : ou bien il résulte uniquement de la volonté commune des deux conjoints, ou bien l'un des époux le demande en se fondant sur un motif prévu par la loi, ou bien le législateur le fait dériver comme conséquence forcée de certains changements survenus dans la situation des époux. En un mot, il y a trois espèces de divorce distinctes : le divorce par consentement mutuel, le divorce pour cause déterminée, le divorce tacite ou légal.

Section I. Divorce par consentement mutuel.

Le divorce par consentement mutuel fut admis sans qu'aucun acte législatif l'eût introduit. Lorsque la loi des Douze Tables eut accordé à la femme le droit d'envoyer le *repudium*, de cette égalité établie entre les deux époux pour demander la dissolution du mariage, on fit dériver, sans que pourtant la logique l'exigeât, la liberté pour eux de se quitter d'un commun accord.

Ce divorce a lieu en dehors de toutes les causes déterminées : le *solus consensus* suffit. C'est le *consensus* des époux qui a formé le lien conjugal, le *contrarius consensus* le brise.

Introduit par la coutume, il est à l'époque classique expressément consacré par la loi. (L. 62, pr. XXIV.)

Lorsque Constantin édicte des mesures répressives du divorce, il ne dit rien du divorce par consentement mutuel.

Le divorce par consentement mutuel fut supprimé par Théodose le jeune et Valentinien III. (Novelle XVII de Théodose et Valentinien). « Nous défendons, disent ces empereurs, que le mariage, qui se contracte par le consentement puisse se dissoudre de même. » La cause de cette suppression était puisée dans l'intérêt des enfants.

Aboli par Théodose en 439, le divorce *communi consensu* fut rétabli par Anastase en 497. (L. 9. au Code. Titre *du Divorce*.)

Justinien dans sa Novelle XXII, c. IV, en constate l'existence; puis quelques années plus tard, au c. X de sa Novelle CXVII, il le prohibe, sauf dans le cas où les époux se séparent *castitatis causa*. Mais le divorce *communi consensu* apparaît de nouveau avec le successeur de Justinien, Justin (Novelle CXL), pour être encore interdit peu après par Léon le Philosophe. Cette abolition fut définitive. (Depeyre, op. citat. p. 23.)

Section II. Divorce pour cause déterminée.

Romulus permettait au mari de répudier sa femme pour quatre causes : l'adultère, la préparation de poisons, l'ivresse, l'altération des clefs. (Plutarque, op. citat.)

En dehors de ces causes, le mari pouvait bien encore chasser sa femme; mais son divorce, valide en lui-même, entraînait pour le mari certaines peines.

La loi des Douze Tables mentionnait incontestablement des causes déterminées de divorce, mais le passage de cette loi les mentionnant n'est pas parvenu usqu'à nous.

Auguste accepta celles de ces causes introduites par la loi et la coutume. La plupart sont consignées au Digeste.

D'après les textes de l'époque classique, le divorce peut avoir lieu pour sept causes déterminées : l'adultère (lib. XLVIII, tit. V.), la folie (L. 4. Tit. *du Divorce*), la maladie, la vieillesse, causes communes aux deux époux, l'engagement du mari dans l'armée, son entrée dans le sacerdoce de certains dieux, la stérilité de la femme. (L. 60, § 1, L. 61, XXIV, I.)

L'adultère est une cause commune de divorce : la femme peut l'invoquer aussi bien que le mari. Entre les deux conjoints il y a toutefois cette différence, que, tandis que le mari doit, sous peine de *lenocinium*, renvoyer sa femme et intenter ensuite contre elle l'action publique d'adultère, la femme, elle, peut bien envoyer le *libellus repudii* au mari coupable, mais elle ne peut exercer contre lui, la poursuite de la loi *Julia de adulteriis* (L. 1. IX, IX code.)

Pour que l'époux puisse arguer de l'adultère de son

conjoint, il faut que de son côté il ne soit pas coupable de la même faute. (L. 39, XXIV, iii, et L. 13, § 5, XLVIII, v.) L'homme ou la femme qui donne sciemment asile dans sa demeure à des gens qui commettent un adultère, *vel alium stuprum*, est puni comme l'adultère. (L. 8 pr. et L. 10, § 1, XLVIII, v.)

Le mari ne peut demander le divorce pour les mœurs antérieures au mariage de celle qu'il a prise pour épouse. (L. 13, § 10. XLVIII, v) : et cela doit s'entendre aussi du cas où, après avoir répudié sa femme pour adultère, le mari l'épouserait de nouveau. (L. 13, § 9, XLVIII, v.) Le mari enfin ne peut se prévaloir de l'adultère de sa femme, s'il a favorisé sa débauche.

La folie n'est pas en principe une cause de divorce, Ulpien l'affirme. (L. 22, § 7, XXIV, iii.) Mais le conjoint du fou peut fort valablement le répudier si sa folie est à tel point *ferox et perniciosa* qu'elle est dangereuse et sans espoir de guérison. (Depeyre, op. citat. p. 26.) Telles sont les seules indications que le Digeste contient sur les causes de divorce. Il faut reconnaître l'insuffisance des textes quand on pense avec quelle facilité les époux trouvaient de justes motifs pour se séparer.

Constantin par une constitution de l'an 331, (Lib. II, tit. XVI, § 1. Code Théodosien) restreint à trois les causes que chaque époux peut invoquer contre l'autre : le mari pourra répudier sa femme s'il prouve qu'elle est adultère, empoisonneuse, *conciliatrix*. La femme pourra demander le divorce si elle établit que son mari est homicide, empoisonneur, violateur de tombeaux.

En 337, une nouvelle constitution de Constantin (L. 7. Codex. Tit. *du Divorce*), reconnaît à la femme un quatrième motif de divorcer : la femme d'un soldat, après quatre années d'absence de son mari, peut se remarier, sans craindre de perdre sa dot ou d'encourir la peine capitale, pourvu qu'elle notifie son intention au commandant de la troupe à laquelle appartient son mari.

Avec Théodose II et Honorius, la liberté du divorce fut de nouveau proclamée, en 438. (L. 2, code Théodosien, III, XVI.)

Théodose le jeune et Valentinien III publient en 439 une constitution, où après avoir dit qu'en ce qui concerne les causes du divorce, on ne peut sans une trop grande sévérité aller au delà des prescriptions antiques, ils déclarent abroger les constitutions rendues à ce sujet, et revenir aux vieilles lois et aux réponses des prudents. (Novelle XVII de Théodose et Valentinien.) Dix ans après, ils font une nouvelle loi où ils déterminent limitativement les causes qu'ils admettent. (L. 8, § 1 et 3. Codex. Tit. *du Divorce*.) Les causes communes aux deux époux sont : l'adultère, l'homicide, le faux, la préparation de poisons, le vol dans les églises, la violation de sépultures, le plagiat, la participation à un vol comme auteur, complice ou recéleur, le fait de prendre part à quelque complot contre la sûreté de l'Etat, l'attentat à la vie de son conjoint par le fer, le poison ou de toute autre manière. La

femme peut répudier son mari s'il la frappe de verges et s'il introduit dans la maison conjugale des femmes impudiques; de son côté, le mari peut envoyer
le *libellus repudii* à sa femme, si, à son insu ou contre
son gré, elle va en compagnie d'hommes étrangers;
si malgré sa défense et sans justes motifs, elle sort
pendant la nuit, si sans tenir compte de ses ordres,
elle va s'amuser, *gaudere*, au cirque, au théâtre, aux
arènes; si elle lève sur lui une main audacieuse. (Depeyre, op. citat. p. 28. — Poulle, op. citat. p. 28.)

Les premières dispositions de Justinien relatives au
divorce sont une extension de la constitution de Théodose et de Valentinien. A la liste déjà longue des causes
déterminées que la loi 8 a indiquées, l'Empereur en
ajoute quatre, par deux constitutions insérées au code
(Lois 10 et 11. Titre *du Divorce*), et qui toutes les deux
datent de la seconde année de son règne : la femme
pourra répudier son mari pour impuissance naturelle,
si cette impuissance persiste pendant deux années à
compter du mariage; le mari pourra chasser sa femme
si elle pratique ou fait pratiquer sur elle des manœu-
vres abortives, si elle a assez peu de pudeur pour
aller aux bains publics avec des hommes, si elle manifeste au cours du mariage l'intention d'avoir un autre mari.

Quelques années plus tard, Justinien dans la novelle XXII, confirme expressément les causes que Théodose et Valentinien ont fixées et celles qu'il a lui-même
admises dans ses précédentes constitutions. Seulement,

au délai de deux ans qu'il imposait auparavant à la femme en cas d'impuissance du mari, il substitue un délai triennal. Il rétablit ensuite l'absence du militaire comme motif de divorce; prolonge jusqu'à dix ans, au lieu de quatre que donnait Constantin, — le temps dont la femme doit attendre l'expiration, et oblige celle-ci à s'adresser à l'empereur pour faire prononcer la dissolution du mariage. (Depeyre, op. citat. p. 29.) En outre, il décide que l'époux peut valablement envoyer le *libellus repudii* s'il veut embrasser la vie religieuse. Il reconnaît enfin une cause nouvelle, la captivité de l'un des conjoints : après cinq ans d'incertitude sur le sort du captif, son épouse pourra demander le divorce.

En 542, Justinien promulgue la novelle CXVII qui modifie profondément la matière. Dans le chapitre VIII, le premier où il s'occupe des causes déterminées, il indique les causes qu'il entend maintenir.

La femme peut être répudiée : si elle participe à un complot contre la sûreté de l'Etat : ou si, ayant connaissance d'un complot de ce genre, elle ne le révèle pas ; si elle est adultère, dans ce cas, le mari doit d'abord intenter l'accusation d'adultère, et il ne peut répudier sa femme qu'après avoir fait la preuve de son accusation ; si elle attente à la vie de son mari de quelque manière que ce soit, ou si elle ne dénonce pas ceux qu'elle saurait vouloir y attenter ; si contre la volonté de son mari, elle va dîner avec des hommes étrangers ; si elle va au bain avec eux ; si, à l'insu ou malgré les ordres de son mari elle quitte sa maison, à moins que ce ne soit pour aller chez ses parents; mais le mari ne pourrait lui envoyer le *libellus repudii* si, mise par lui-même à la porte de sa maison, elle n'avait pas de parents chez qui elle puisse se retirer et passait la nuit dehors. (Poulle, op. citat.) De son côté, la femme peut provoquer le divorce (Novelle CXVII, c. ix) : si son mari participe à quelque complot ou ne révèle pas celui dont il aurait connaissance, s'il attente à sa vie ou ne dénonce pas ceux qu'il saurait vouloir y attenter, s'il tend un piège à sa vertu et la pousse à l'adultère, s'il ne prouve pas l'accusation d'adultère qu'il a portée contre elle, si, au mépris de sa femme, il mène une autre femme dans la maison commune, ou s'il est établi qu'il a des relations avec une autre femme dans la même ville, en dehors de l'habitation conjugale. (Depeyre, op. citat.)

Après ces causes Justinien en indique trois autres, pour lesquelles il se montre particulièrement favorable (Nov. CXVII, c. xii) : l'impuissance, la captivité de l'un des époux, le désir de l'un d'eux d'entrer dans un monastère. Le divorce qui avait lieu pour ces motifs n'entraînait aucune des déchéances que nous aurons à signaler.

Justinien dans cette Novelle, s'occupe de l'absence du mari (c. xi) et du cas où il a frappé sa femme de verges (c. xiv). Ce ne sont plus des causes de divorce : le mari qui bat sa femme est puni; quant à la femme dont le mari est absent, elle ne peut se remarier que lorsqu'elle a acquis la certitude de sa mort.

Ces réformes de la novelle CXVII furent supprimées en partie par le successeur de Justinien, Justin. (Nov. CXL, c. i.)

Léon le Philosophe abrogea à son tour les réformes préconisées par Justin, mais il admit comme cause de divorce, au profit du mari, le fait par la femme de chercher un autre époux du vivant de son mari, ou de se faire avorter en haine de son mari. (Constitution XXX, XXXI.) Il considère dans les constitutions CXI et CXII, comme une cause légitime de divorce, la folie dont Ulpien s'est occupé dans la loi 4 au Digeste (XXIV, ii), non pas pour en faire une cause de divorce, mais pour savoir si le fou jouit de la capacité nécessaire pour divorcer, ainsi que le prouve la loi 16, § 2 au Digeste (XXIII, ii). Mais la folie, pour être invoquée comme cause de divorce, doit dégénérer en fureur : *Maritusque ab intolerabili illa calamitate exoneretur.* De plus, il faut qu'elle dure depuis trois ans pour la femme, depuis cinq ans pour le mari. (Poulle, op. citat.)

Section III. Divorce tacite ou légal.

La dissolution du mariage peut quelquefois se produire du vivant des deux époux en dehors de leur volonté ; elle est alors la conséquence directe et immédiate de faits prévus par la loi. La doctrine dit en pareil cas qu'il y a divorce tacite ou légal.

Une condition nécessaire à la validité des *justæ nuptiæ*, est le *connubium*, c'est-à-dire : soit l'aptitude générale à contracter mariage, soit l'aptitude particulière à épouser telle personne déterminée. Nécessaire pour que le mariage se forme, le *connubium* l'est également pour qu'il subsiste ; s'il disparaît, le mariage prend fin.

L'esclavage encouru *jure civili*, qui est toujours ou bien une peine directement édictée par la loi ou bien la conséquence légale d'une condamnation criminelle, emporte rupture du lien conjugal. (L. I. titre *du Divorce.*)

A partir de Justinien lorsque l'esclavage était la conséquence d'une condamnation *ad metallum* ou *ad bestias*, c'est-à-dire lorsque l'esclave était sans maître et seulement *servus pœnæ*, il n'y eut plus rupture du lien conjugal. (Novelle XXII, c. VIII.) En dehors de ce cas Justinien maintint l'ancien droit. (Novelle XXII, c. IX.)

La captivité, esclavage *juris gentium*, dissout de même le mariage (L. I. titre *du Divorce*), soit que l'un seulement des époux ait été fait prisonnier, soit que tous les deux soient tombés au pouvoir des ennemis. L'histoire en conserve un exemple fameux : prisonnier des Carthaginois, Régulus était venu à Rome porter des propositions de paix ; il refusa de voir sa femme et ses enfants, considérant son mariage comme anéanti. (Horace, *Odes*, III, 5.)

Le mariage est absolument rompu ; et c'est en vain que l'autre époux resterait dans la maison conjugale et manifesterait l'intention de voir son union subsister. (412, § 4. XLIX, xvi).

Le mariage ne reprend même pas son existence par le retour du captif. (L. 14, § 1, *ibid.*) Le *postliminium* en effet, ne peut faire disparaître les faits accomplis, et « la séparation matérielle des époux constitue un fait ineffaçable qui s'oppose invinciblement à l'application de cette fiction. » (Accarias, *Précis de droit romain*, t. I, n° 80.)

Il en serait différemment si les deux époux, faits prisonniers ensemble, recouvraient également ensemble leur liberté : par l'effet du *postliminium*, leur mariage serait réputé n'avoir jamais cessé d'exister. (L. 25, XLIX, xv.) Les décisions, indiquées par les textes et commandées par les principes ne peuvent être mises en doute. (Depeyre, op. citat. p. 35.)

Justinien modifia ces principes. La novelle XXII, c. 7, établit qu'il n'en sera plus ainsi : la captivité de l'un des époux sera désormais une cause déterminée de divorce ; et encore le conjoint présent ne pourra valablement s'en prévaloir que s'il y a incertitude sur l'existence du captif et si cette incertitude s'est prolongée pendant cinq ans. La Novelle CXVII confirme ces dispositions.

La *deportatio in insulam* et l'interdiction de l'eau et du feu emportent déchéance du *jus civitatis* et par suite perte du *connubium* et dissolution du mariage.

Tel est le principe. Mais en l'an 230 l'empereur Alexandre Sévère l'abroge (L. I. Code. titre *du Divorce*), et décide que les peines laisseront subsister le mariage, *si casus in quem maritus incidit non mutat uxoris affectionem.*

La constitution d'Alexandre ne parle que de la condamnation du mari ; un texte d'Ulpien (L. 5, § 1, XLVIII, c. xx), donne la même décision pour le cas de déportation de la femme. (Depeyre, op. citat.)

Enfin il y a deux cas où la dissolution du mariage a lieu sans qu'aucune déchéance soit venue frapper la femme ou le mari.

Si le père du mari ou de la femme, ayant conservé la puissance paternelle sur son enfant, adopte son gendre ou sa bru sans émanciper son fils ou sa fille, il y a rupture du lien conjugal. (Gaïus, 1, 61.) Par cette adoption, en effet, les deux époux deviennent frère et sœur, le mariage n'est pas possible entre eux. Il est à présumer que ce mode de dissolution du mariage disparut lorsque Antonin le Pieux défendit au père de provoquer lui-même le divorce de ses propres enfants. (L. 2 et 6, VIII, xlviii, Code.)

La loi *Julia de maritandis ordinibus*, défend le mariage entre les affranchis d'une part et les sénateurs, tous leurs descendants au premier degré et leurs autres descendants *per masculos*, d'autre part. Par suite, le citoyen, affranchi ou ingénu, qui a épousé une affranchie, voit son mariage dissous s'il est élevé à la dignité de sénateur. De même est rompue l'union que

la fille d'un citoyen qui est fait sénateur aurait auparavant contractée avec un *libertus*. Justinien constate et consacre ces conséquences des lois caducaires.
(L. 28, V, ıv, Code) (Depeyre, op. citat.)

§ 5. *De la Procédure du Divorce.*

Section I.   Des formalités à accomplir.

A l'origine, les époux divorçaient sans avoir à accomplir la moindre formalité.

Les époux divorçaient par le consentement mutuel
ou par la volonté de l'une des parties. Une seule exception existait pour le mariage par *confarreatio* qui demandait une cérémonie contraire appelée la *diffareatio*.
Sauf ce cas, la procédure était donc très simple. Il
suffisait de la volonté libre et spontanée. Paul déclare
(L. 3, D. XXIV. ıı) que le divorce n'est possible qu'autant que cette volonté est en outre persistante ; par
conséquent tout ce qui se dit ou se fait par colère doit
être négligé. Le divorce ne doit pas être considéré, comme
existant, si le conjoint, qui a répudié dans un moment
d'emportement, a changé sa résolution bientôt après.
L'insensé d'après Julien, ne peut répudier, mais il
peut être répudié (L. 4). (Poulle, op. citat.)

Le divorce par consentement mutuel ne fut jamais
soumis a aucune formalité légale : il en fut de même

de la répudiation jusqu'à Auguste et jusqu'aux lois caducaires.

L'époux qui voulait rompre son mariage se contentait d'envoyer à l'autre, le plus souvent par un affranchi, un « billet » contenant l'expression de sa volonté: *libellus repudii*. Quant à la formule du libelle, la plus employée d'après Gaïus (L. 2, § 1.) était : *Res tuas tibi habeto*, quand le mari répudiait sa femme; *res tuas tibi agito*, quand la femme répudiait son mari ; mais il n'y avait là rien d'obligatoire, pas plus que dans les autres circonstances qui accompagnaient ordinairement le divorce : remise des clefs par la femme à son mari, (Cicéron, op. citat.) bris des *tabulæ nuptiales* (Juvénal, sat. IX), inscriptions du *libellus repudii* sur les registres des *acta publica*.

L'accomplissement de ces formalités était purement facultatif, une manifestation tacite de volonté suffisait. A ce point de vue, le fait de contracter un second mariage établissait la rupture du premier, par suite, la bigamie n'était pas un crime, et l'adultère ne pouvait pas être puni. Néanmoins, Cicéron (*De oratore*, I, 40) nous apprend que de son temps la question était discutée entre les hommes expérimentés dans la science du droit. (Depeyre, op. citat.)

Auguste soumit la répudiation à certaines formalités que les lois Juliennes et Papiennes rendaient nécessaires. Ainsi la loi Julia *de Adulteriis*, faisait courir, en faveur du mari, à partir du divorce, des délais assez brefs pour accuser la femme ; pendant soixante jours, le mari et le père de la femme avaient seuls le droit de la poursuivre pour adultère ; après ce délai, les étrangers pouvaient la poursuivre encore pendant quatre mois utiles (L. L. 4, § 1 ; 11, § 4 ; 14, § 2, D. XLVIII, v). Puis la femme ne peut, pendant un délai de soixante jours, aliéner ou affranchir un esclave (L. 12 pr. D. XXIII, ii. — Paul. Sent., ii, 26, § 14). Les époux divorcés étaient assimilés aux célibataires, le mari aussitôt après le divorce, la femme après un délai de 18 mois. Il importait donc, pour tous ces motifs qu'il fût facile de fixer la date précise du *repudium*. (Poulle, op. citat.) Aussi Auguste ordonna-t-il que la volonté de répudier fût exprimée désormais en présence de sept témoins citoyens romains et pubères (L. 9. D. XXIV. ii). La loi Julia disparut, mais cette innovation qu'elle contenait, subsista et le Christianisme en justifia l'importance par un motif nouveau : c'est que les mariages devaient être plus difficiles à dissoudre qu'à contracter (L. 8 pr., C. id. V, xvii. — Accarias, I, p. 196). — Nous avons vu Constantin, puis Justinien, édicter certaines formalités spéciales à la répudiation que voulait faire prononcer la femme dont le mari était absent à l'armée. Constantin impose à la femme l'obligation de faire parvenir le *libellus repudii* au général commandant l'armée où le mari a été incorporé, et Justinien, en pareil cas, l'oblige à s'adresser à l'empereur pour faire prononcer le divorce. (L. 7, Cod. V, XVII ; Nov. XXII, c. xiv ; Nov. CXVII, c. xi.)

Section II. Des Preuves.

Les preuves auxquelles on peut avoir recours en notre matière, diffèrent de celles admises par le droit commun, notamment au point de vue des dépositions des esclaves et des proches parents, dont s'occupe la loi Julia *de Adulteriis*.

A Rome, d'après le droit commun, les esclaves n'étaient jamais entendus sans être soumis à la torture, et en outre ils ne pouvaient pas être témoins contre leur maître accusé : (L. I, § 7, 13, 16, Dig., XLVIII, XVIII ; L. I, Cod. IX, xiv.) Tous les esclaves qui n'appartenaient pas à l'accusé pouvaient être produits contre lui, mais l'accusateur ne pouvait pas forcer leur maître à les livrer. Il fallait donc les acheter de gré à gré. La loi Julia *de Adulteriis* donnait au contraire toute facilité pour recueillir le témoignage des esclaves et des proches parents. Décider le contraire eût été peu logique, car ou aurait ainsi perdu de précieux témoignages, et la justice aurait été privée d'un puissant moyen d'investigation. C'est pour ce motif, et pour assurer la *Quæstio servorum*, que la femme répudiée et certains de ses parents ne pouvaient pas aliéner ou affranchir leurs esclaves dans les soixante jours qui suivaient sa répudiation. (L. 12 pr., § 1; L. 4. 13, 14, §§ 3 et 7, Dig., XL, IX.)

La loi est très précise sur tous les points qui concernent cette matière très importante. L'accusé est-il un esclave, alors sans aucun doute, il pourra être torturé. Dans le droit commun, lorsqu'un esclave est accusé *judicio publico*, il peut, d'après l'avis de certains auteurs être toujours mis à la torture sur la demande de l'accusateur.

Pour se faire indemniser du préjudice qu'il éprouve, si l'esclave est déclaré innocent, le maître n'a que l'action de dol, en cas de mauvaise foi évidente de la part de l'accusateur. La loi pose une règle différente en notre matière. Ici en effet, les accusations téméraires sont facilement présumables, surtout s'il s'agit d'un esclave. L'accusateur devra respecter la propriété d'autrui, les juges estimeront l'esclave, et, en cas d'absolution, l'accusateur devra payer au maître le double de cette estimation. Il y avait peut-être là une spéculation judiciaire ; dans tous les cas, la loi donnait une *condictio ex lege* pour assurer le recouvrement de cette somme. (L. 28 Dig. XLVIII, v. — Esmein, op. citat. p. 56.)

C'est surtout lorsque l'accusé est une personne libre que la loi Julia pose des règles importantes et exceptionnelles. Ainsi, en matière d'adultère, les esclaves de l'accusé pourront être entendus contre lui, et l'accusateur pourra en outre obliger les tiers à livrer leurs esclaves pour la question, moyennant une juste indemnité. On pourra aussi mettre à la question les esclaves du père, de la mère, du grand-père et de la grand'mère de la femme adultère (L. 3, cod. IX. XI.)

Les mêmes principes doivent être suivis quand il

s'agit du complice de la femme. Pour assurer l'observation de ces règles, et pour se faire livrer les esclaves, le père ou le mari ont l'action *ad exhibendum*
contre le propriétaire. (L. 3, cod.)

L'affranchissement de ces esclaves, dans les soixante
jours du divorce, est frappé de nullité par la loi;
ces esclaves deviennent esclaves publics, on ne veut
pas que la crainte ou l'espoir puissent les empêcher
de parler contre leurs maîtres (L. 12, §§ 1 et 5. Dig.
XL. ix — L. 29. §§ 11, 13, 14. Dig., XLVIII. v.)

Ce droit de réclamer la torture accordé d'abord seulement au père et au mari, fut ensuite accordé à tout
accusateur (L. 6. cod. IX. ix — L. 27. § 6. Dig., XLVIII.
v. — sic : Esmein, op. citat. p. 59.)

Cela dura jusqu'à Constantin pour les étrangers,
puisque cet empereur déclara que dorénavant l'accusation ne serait plus ouverte qu'aux personnes *proximæ*
et *necessariæ*. Les *extranei* furent, à partir de Constantin, tous les parents à qui le droit d'accusation était
accordé après le mari. Le témoignage des esclaves disparut sous Léon le Philosophe dans la constitution
XLIV, parce que ceux qui ne sont pas libres ne sau-
raient être admis à témoigner. (Poulle, op. citat.
p. 43.)

Section III. Des fins de non-recevoir.

Le fait allégué par l'un des conjoints peut être
écarté par la preuve de la réconciliation (L. 13, §§ 9,
10. Dig. XLVIII, v.)

La réciprocité des torts pouvait bien être invoquée pour empêcher les déchéances pécuniaires et les pénalités qui résultaient du divorce, mais non pour mettre obstacle au divorce lui-même. (L. 39. Dig. XXIV. III.) Le mari qui encourage l'adultère de sa femme peut demander le divorce, mais il ne saurait rien retenir de sa dot. (L. 47. Dig.) Des modifications furent apportées sur ce point dans la suite. Le *lenocinium* du mari, dit Ulpien, ne fera point tomber la poursuite qu'il intente postérieurement au divorce, mais il pourra être accusé à son tour. (L. 2, § 4. Dig). Ce droit de contre-accusation n'appartenait pas à la femme qui n'avait pas le *jus accusandi*, mais on admit, par la suite, que le juge pourrait d'office appliquer la peine au mari. (L. 2, § 6. Dig. — Esmein, op. citat. p. 61 et 62. — Poulle, op. citat. p. 44.)

§ 6. *Des effets du divorce.*

Section I. Effets relatifs aux époux.

Lorsque le divorce est accompli, les deux époux deviennent étrangers l'un à l'autre, et reprennent en principe leur ancienne liberté. Ils peuvent convoler à d'autres noces, soit que chacun prenne un nouveau conjoint, soit que tous les deux se réunissent encore dans un nouveau mariage.

Aucun délai n'est fixé dont l'homme doive attendre

l'expiration pour contracter une seconde union. Il en est de même pour la femme pendant fort longtemps; c'est absolement certain. Plusieurs textes de Paul et d'Ulpien, en effet, constatent que la femme ne peut se remarier avant la fin de l'année qui suit la mort de son mari ; mais ils ne font aucune allusion à l'hypothèse du divorce, quoiqu'il y eût aussi en ce cas *turbatio sanguinis* : (L. L. 8, 9, 10, 11, III, ii): on se contente simplement de prendre certaines précautions que nous examinerons, si elle se prétend ou est supposée enceinte.

Théodose et Valentinien, dans leur constitution de 449 décident enfin qu'en cas de *divortium justum*, la femme devra désormais attendre une année pour s'engager dans de nouveaux liens, *ne quis de prole dubitet*. (L. 8, § 4. Titre *du Divorce*, au Code.) Anastase, en rétablissant le divorce par consentement mutuel, impose également à la femme l'obligation d'attendre un an avant de se remarier (L. 9. Titre *du Divorce* au Code). Cette règle subsista encore et fut maintenue dans le droit de Justinien. (nov. XXII. c. XVI.)

A l'inverse, aucun délai ne fut pendant longtemps imposé aux anciens époux pendant lequel ils dussent se remarier. Lorsque les lois caducaires furent établies, cette situation fut modifiée: la loi *Julia de maritandis ordinibus*, en l'an 757 de Rome, décida que l'homme devait se remarier immédiatement, la femme dans les six mois qui suivent le divorce; et la loi *Pappia Pop-*

pea, rendue cinq ans plus tard, sans rien changer à ce qui touche le mari, prolongea jusqu'à dix-huit mois le temps pendant lequel la femme put rester seule. (Ulpien. Reg. XIV.) Cette législation ne fut jamais formellement abrogée. Cependant nous pensons qu'elle dut disparaître lorsque Justinien eut aboli les dispositions des lois caducaires relatives aux biens et aux peines des *cœlibes* et des *orbi* (L. unic. VI. LI. Code).

Ces délais n'avaient plus en effet de raison d'être ; à ce point de vue les époux divorcés furent dès lors absolument libres. (Depeyre, op. citat. p. 43.)

Défense perpétuelle était faite à la femme adultère de se remarier. Quiconque l'épousait était coupable. (L. 29, § 1, Dig. XLVIII, v.)

Bien plus, la loi ordonnait à celui qui avait épousé une femme adultère, avant toute condamnation, de la répudier, dès qu'elle était poursuivie et condamnée (L. 11, § 13. Dig.)

Mais cette femme, qui ne pouvait plus se remarier pouvait cependant trouver un refuge dans le concubinat et celui qui la prend pour concubine n'a rien à craindre. (L. I, § 2, Dig. XXV, VII.)

Les époux étaient parfaitement libres de divorcer dans les cas où la loi le leur permettait. Cependant cette liberté subit certaines restrictions : la loi s'efforça de frapper l'époux qui donnait lieu au divorce.

Théodose et Valentinien s'occupèrent les premiers, en 449, des peines qui devaient atteindre le conjoint coupable : si c'était le mari qui donnait lieu au divorce, il rendait la dot et la donation anténuptiale ; si c'était la femme, elle ne pouvait se remarier qu'après cinq ans, et le mari gagnait la donation et la dot (L. 8. §§ 4 et 5. Titre *du Divorce* au Code). Dans la même constitution (L. 8, § 7, Titre *du Divorce* au Code), ces empereurs décident que s'il y a des enfants issus du mariage dissous, l'époux innocent doit conserver pour eux ce qu'il gagne, à titre de peine : le mari ne pourra pas aliéner les biens de la dot que la femme coupable a perdue, la femme ne pourra pas se défaire des biens que la donation comprend. (Depeyre, op. citat. p. 53.)

Justinien confirme expressément, à plusieurs reprises, les dispositions de ses prédécesseurs.

Lorsque le divorce était demandé pour des causes autres que celles spécifiées par le législateur, *divortium injustum*, Romulus, (Plutarque, *Vie de Romulus*) avait ordonné la confiscation de tous les biens du divorçant, qui, en outre, était voué aux dieux infernaux.

Plus tard les censeurs l'avaient noté d'infamie.

Constantin déclara que la femme qni répudiait son mari sans juste cause perdrait tous ses biens et serait condamnée à la déportation.

Quant au mari qui répudiait injustement, il ne pouvait se remarier : l'épouse délaissée avait le droit d'envahir sa maison, d'en chasser la nouvelle épouse et de prendre sa dot. (L. L. 1 et 2, Cod. Théod., III, XVI.) La femme adultère était punie de mort. (L. 7, Cod. V, XVII.)

Théodose II le jeune et Honorius modifièrent à deux reprises cette réglementation. Le conjoint qui divorce sans cause ne peut pas se remarier : si c'est la femme, elle sera en outre condamnée à la déportation. La femme qui veut se remarier doit attendre un an. S'il s'agit d'un divorce fondé sur une cause légère, la femme qui répudie pour un motif léger ne peut se remarier ; le mari, dans le même cas, doit attendre deux ans. — Si le divorce est motivé par une faute grave de la femme, le mari peut se remarier de suite ; dans le même cas la femme doit attendre cinq ans. (L. 3, Cod. Théod. III, xvi.)

Ces réformes furent à leur tour modifiées par Théodose II et Valentinien III lorsqu'ils voulurent diminuer les facilités du divorce (L. 8. Cod. Theod. XVII) dans l'intérêt des enfants. Si la femme invoque une cause non spécifiée par la loi, *divortium injustum*, elle ne peut se remarier qu'après un délai de cinq ans, sous peine d'être déclarée infâme et de voir son mariage attaqué par tout le monde.

Nous arrivons ainsi aux réformes de Justinien (nov. XXII, CXVII, CXXXIV). La femme qui invoque l'absence de son mari ne peut se remarier qu'après un délai de dix années : elle doit, en outre, faire certaines démarches. La femme qui répudie son mari sans cause légitime ou qui est répudiée justement, ne peut pas se remarier pendant cinq ans. Est-elle innocente, elle doit toujours attendre une année. (Nov. XXII, c. xviii, *in fine.*) S'agit-il d'un divorce sans juste cause, *divor-*

tium injustum (Nov. CXVII, c. XIII) la femme coupable est livrée à l'évêque pour être enfermée dans un couvent jusqu'à la fin de ses jours. — Pour le mari rien n'avait été changé aux pénalités anciennes ; dans la novelle CXXXIV, Justinien déclare que le mari pourra être également enfermé dans un couvent. Les époux peuvent se réconcilier. Si la femme a été placée dans un couvent pour cause d'adultère, le mari a deux années pour lui pardonner ; si le mari reste inflexible, la femme sera enfermée pour toute sa vie.

La femme du soldat disparu ne peut plus se remarier (Nov. CXVII, c. XI), que si le décès est certain, et seulement après une année à partir de cette époque. (Poulle, op. citat.) En trois cas, la rupture du mariage par le divorce amène certaines conséquences particulières qu'il importe d'indiquer.

Lorsque le mariage était accompagné de la *manus,* la femme restait, encore après le divorce, sous la puissance de son mari ; la rupture du mariage ne brisait pas elle-même ce lien si fort de la puissance maritale. Le mari seulement était obligé, une fois le divorce accompli, à dissoudre la *manus.* (Gaïus, I, § 137.)

Si elle avait été établie par la *confarreatio*, il fallait pour la dissoudre une cérémonie, religieuse, la *diffareatio*. Si elle avait été constituée par la *coemptio* ou par l'*usus*, il suffisait d'une *mancipatio* suivie d'affranchissement. (Gaïus, I, § 137. — Accarias : *Précis de droit romain,* t. I, n° 120.)

L'adultère fut toujours, si l'on excepte la législation

de Constantin, une cause réciproque de divorce.

A l'époque classique, le mari est forcé à répudier sa femme adultère (L. 2, § 2, l. 29, pr. XLVIII, v.) ; il doit même la répudier avant de la poursuivre. La femme, au contraire, ne peut pas exercer contre son mari la poursuite de la loi *Julia de adulteriis*, elle ne peut que le répudier (L. L. 1 et 11; IX, ix, Code.)

Avec les empereurs chrétiens, la nécessité pour le mari de répudier sa femme adultère disparaît sans être formellement supprimée.

Jusqu'à Justinien, les effets du divorce pour adultère sont les mêmes que ceux du divorce occasionné par tout autre motif. Cet empereur, dans sa novelle CXVII, c. viii et ix, décide que l'époux outragé gagnera, outre la dot et la donation *propter nuptias* une partie de la fortune personnelle du coupable, égale au tiers de la dot si c'est la femme qui est coupable, égale au tiers de la donation si c'est le mari (Nov. CXXXIV, c. x.) (Depeyre, op. citat.)

Justinien permet le divorce quand les époux veulent embrasser la vie religieuse. L'entrée dans un monastère, *occasio rationabilis*, n'entraîne aucune peine pour le conjoint qui divorce. La situation est réglée comme si le mariage était dissous par la mort de l'époux qui entre au couvent. (Nov. XXII, c. v ; nov. CXVII, c. xii; nov. CXXIV, c. xl.)

Section II. Effets relatifs aux enfants.

Si la femme est enceinte au moment du divorce, la

loi lui impose certaines obligations pour éviter soit des suppressions, soit des suppositions de part. D'après le sénatus-consulte Plaucien, si, à ce moment, la femme se sent enceinte (Paul, *Sent.*, II, XXV, § § 5, 6 — L, 1, Dig. XXIV, III), elle doit le déclarer à son mari ou à son père, dans les trente jours, afin qu'ils envoient des gardiens pour l'examiner. Dans ce cas, il se trouve dans l'obligation de reconnaître l'enfant. Si la femme ne dit rien et ne demande pas de gardiens pour la surveiller, le mari pourra nier sa paternité. Mais comme la négligence de la mère ne doit pas nuire à l'enfant qui est l'héritier de son père, l'enfant pourra établir sa filiation.

Un rescrit de Marc-Aurèle prévoyait l'hypothèse inverse. Si la femme nie sa grossesse (Paul. *Sent.* II. XXV. §§ 7, 8, 9. — L. 1, Dig. XXV. VV), il est permis au mari de désigner des gardiens au ventre. Cinq matrones examineront la femme et leur déclaration sera réputée vraie. L'édit du préteur soumet ensuite la femme à une surveillance minutieuse. (L. 1, § 10. Dig. XXIV, IV. Accarias, op. citat. t. I. p. 198 — Poulle, op. citat. p. 48 — Depeyre, op. citat. p. 62.)

Ces règles furent implicitement abrogées lorsque Théodose et Valentinien imposèrent à la femme divorcée l'obligation d'attendre un an, *ne quis de prole dubitet*. Nous avons maintenant à rechercher ce que deviennent, après le divorce, la puissance paternelle, les droits de garde et l'entretien des enfants. Dans la première période, qui va depuis les origines jusqu'à

Dioclétien, le droit de garde appartient toujours au père, quelles que soient les causes qui ont pu amener la rupture du lien conjugal, que le père soit innocent ou coupable, que tous les torts soient de son côté ou du côté de sa femme. Cependant, au second siècle de notre ère, ce principe est entamé. Ulpien (L. 1, § 3, l. 3, § 5, XLIII, xxx) nous apprend qu'à l'interdit de *liberis exhibendis* exercé par le père, un édit d'Antonin, confirmé par Marc-Aurèle et Septime Sévère, permet à la mère d'opposer une exception. Grâce à cette exception qui lui est accordée *cognita causa et ob nequitiam patris*, la mère peut obtenir que ses enfants restent avec elle.

Dans la seconde période, qui s'étend depuis Dioclétien et Maximien jusqu'à Justinien, c'est le juge qui décide lequel du père ou de la mère gardera et élèvera les enfants ; et pour se décider, il ne doit considérer que l'intérêt de ces derniers. (L. 1, V, xxiv, Code.)

Dans la troisième période, à laquelle se rapportent les très importantes innovations de Justinien, l'enfant doit toujours être confié au conjoint innocent. (Nov. CXVII, c. vii.) La femme innocente peut donc avoir la garde de ses enfants. Mais, en principe, leur entretien doit incomber au père, même quand la garde des enfants est confiée à la mère. Une seule exception existe pour le cas où le père est sans fortune : la mère qui est riche doit alors nourrir ses enfants. La mère qui se remarie perd la garde de ses enfants. (Gide, op. citat. p. 583.)

Enfin pour compléter sa réforme et montrer tout l'intérêt qu'il porte aux enfants, souvent les victimes les plus directes et toujours les plus dignes de pitié dans cet effondrement d'une famille, Justinien (Nov. XVII, c. x) déclare que si les deux époux sont coupables, le juge compétent en donnera la garde à une personne désignée par lui. (Depeyre, op. citat. p. 63. — Poulle, op. citat. p. 53.)

Section III. Effets relatifs aux biens.

Le divorce devait nécessairement exercer une influence sur les intérêts pécuniaires des époux.

La dot, apport de la femme au mari *ad onera matrimonii ferenda*, exista de tout temps à Rome : soit que le mariage fût accompagné de la *conventio in manum*, auquel cas, dit Cicéron, les biens de la femme *viri fiunt nomine dotis*; soit que le mariage fût contracté sans *manus*, et alors il y avait réellement constitution de dot par le père de la femme, par la femme elle-même ou par un tiers. (Depeyre, op. citat. p. 44. — L. 19, XXIII, ii.)

Parallèlement à la dot, nous voyons s'introduire au ive siècle de notre ère une espèce de donation qui en est pour ainsi dire le pendant (Accarias, op. citat. t. I, n° 316) : la donation *ante nuptias*. Ce n'est que sous Théodose le jeune et Honorius qu'elle nous apparaît avec une nature distincte et des règles à elle. (Code

Théodosien, lib. III, tit. XVI, § 2.) Constituée à la femme le plus souvent par le mari lui-même, et quelquefois par un tiers, elle est la réciproque de la dot : n'appartenant définitivement à la femme qu'autant que celle-ci se trouve dans des circonstances identiques à celles qui autoriseraient le mari à garder la dot (Accarias, op. citat. t. I, n° 316); pouvant, comme la dot, mais seulement à partir de Justin Ier et de Justinien (Institutes de Justinien, lib. II, tit. VIII, § 3), être constituée et augmentée au cours du mariage, et prenant dès lors le nom de donation *propter nuptias*; étant enfin tout aussi inaliénable que la dot. (Nov. XCVIII.) A l'origine de Rome la restitution de la dot était absolument inconnue; si une dot était remise au mari, ce n'était pas à titre de dépôt temporaire, mais de propriété incommutable : elle était abandonnée comme un don sans réserve et sans retour.

Mais le jour, où la censure étant impuissante, les divorces devinrent nombreux, la femme se trouva sans protection contre les répudiations arbitraires. Le mari spéculait au moyen de mariages et de divorces successifs, et la femme, ainsi privée de ses biens, ne pouvait trouver un nouveau mari. (Gide, op. citat. p. 508 et 509. — Accarias, op. citat. t. II, p. 1029. — L. 2, XXIII, c. III.) Pour remédier à ces inconvénients, les jurisconsultes (Aulu-Gelle, op. citat. c. I, § 4. — Plaute *Asinaria*, act. I, sc. 1; *Aulularia*, act. III, sc. 5), imaginèrent d'abord de faire promettre par le mari, en la forme d'une stipulation ordinaire, la restitution de la

7

dot. Sous Auguste le mari cesse d'être le maître absolu de la dot : il en devient le gardien responsable. Défense lui est faite d'aliéner sans le consentement de la femme les *prædia dotalia*, de les hypothéquer même avec son consentement (Inst. pr. liv. II, titre VIII). La femme ne peut le libérer en acceptant la restitution de la dot durant le mariage. Tout pacte contraire porte atteinte à l'ordre public et doit être annulé. (L. 2, Dig. XVI, c. i; L. L. 14, 19, Dig. XXIII, c. iv : L, 1, § 1, Dig. XXXIII. c, iv; Pellat, *de la dot*, p. 346; Demangeat, *de la condition du fonds dotal*, p. 215; Accarias, op. citat. t. I, p. 740 et suiv.; Poulle, op. citat. p. 57; Depeyre, op. citat. p. 47.) Justinien, plus tard, assimila l'aliénation à l'hypothèque. Toutes ces mesures n'avaient qu'un objet, la restitution de la dot, et qu'un but, permettre à la femme de se remarier. (L. 2, Dig. XXIII. c. iii. — Gide, *Caractère de la dot*, op. citat. p. 511.)

La restitution légale ne vint, on le voit, qu'après la restitution conventionnelle, l'action *ex stipulatu* étant admise, on ne tarda pas à considérer que le mari devait être tenu à restituer la dot; le premier progrès réalisé consista à sous-entendre la convention de restitution, et les jurisconsultes créèrent dans ce but l'*actio rei uxoriæ.*

L'*actio rei uxoriæ* fut créée au profit de la femme sans qu'il y eût à distinguer si la femme était ou non *in manu mariti*. (Gide, op. citat. p. 514 et suiv.; Poulle, op. citat. p. 38.) Considérée comme une faveur personnelle, l'action *rei uxoriæ* n'appartenait qu'à la femme; si elle était *alieni juris*, c'était au père que l'action appartenait, mais par une dérogation particulière, le père ne pouvait intenter cette action qu'en s'adjoignant la personne de sa fille : *adjuncta filiæ persona*. (Ulpien, VI, 6.) Si la femme mourait après le divorce, ses héritiers ne l'avaient qu'autant que le mari avait été mis en demeure de restituer la dot de sa femme. (Ulpien, VI, 7.)

Poursuivi par l'*actio ex stipulatu*, action *stricti juris*, le mari devait restituer tout ce que comprenait la stipulation et il devait le restituer immédiatement.

Poursuivi par l'*actio rei uxoriæ*, action de bonne foi, le mari avait le bénéfice de la compétence, c'est-à-dire le droit de n'être condamné que *in id quod facere potest*, et pouvait en certains cas, opérer sur la dot, certaines retenues. Si la dot consistait en choses *quæ primo usu consumuntur*, le mari n'avait qu'à rendre une égale quantité d'objets de même nature et de même qualité. (L. 42, XXIII, c. III, Gide, op. citat. p. 517, Pellat, op. citat. p. 51.) Si les choses apportées en dot, quelle que fût d'ailleurs leur nature, avaient été estimées, le mari ne devait que le prix d'estimation, car sauf convention contraire, *æstimatio facit venditionem*. Enfin si les biens dotaux n'étaient pas de ces choses *quæ pondere, numero, mensurave constant*, ou *quæ primo usu consumuntur*, et n'ont pas été estimés, le mari devait des corps certains. Il devait restituer ces derniers immédiatement; quant aux choses de genre, il devait rendre par tiers en trois annuités, à compter du divorce. (Ulpien VI, 8; Poulle, op. citat. p. 59 Depeyre. op. citat. p. 47.)

A côté de l'action *rei uxoriæ* existait l'action *de moribus*, dans laquelle, Esmein, (op. citat. p.7) voit, après Cujas, une partie de la première. Par *l'actio de moribus*, le mari, lorsque la dot était réclamée par *l'actio rei uxoriæ*, après avoir répudié la femme adultère, s'adressait au juge qui lui attribuait toute la dot ou une partie de la dot (Aulu-Gelle, *Nuits attiques*, X, 23, 4), à titre de peine contre sa femme. Mais où *l'actio de moribus* était utile, c'était quand la femme avait *l'actio ex stipulatu*; dans ce cas, en effet, même en prouvant l'adultère, le mari devait restituer la dot. Par *l'actio de moribus*, le mari pouvait se faire attribuer, dans un *judicium* séparé, une portion de la dot que le juge était maître de déterminer sans limitation aucune. (Esmein, op. citat. p. 8; Poulle, op. citat. p. 60.)

Le juge avait donc un pouvoir souverain d'appréciation et il n'avait d'autres règles à suivre que l'équité, de sorte qu'en condamnant le mari à restituer la dot, il avait le pouvoir de l'autoriser à en retenir une partie. C'est là l'origine des *retentiones*. Une loi *mœnia de dote* suivant les uns, la loi *Julia de adulteriis* d'après Esmein, (op. citat. p. 63), fixèrent par des règles précises, la portion des biens dotaux que le mari pourrait retenir.

Les *retentiones* pouvaient être exercées pour cinq

causes (Ulpien, VI, 9,) : *Propter liberos, propter mo-res, propter impensas, propter res donatas, propter res amotas.*

La *retentio propter liberos*, suppose que le divorce a eu lieu par la faute de la femme et qu'il y a des enfants issus du mariage dissous. (Ulpien, VI, 10.) Ces deux conditions sont nécessaires simultanément : si l'une est absente, le mari ne peut rien retenir. La quotité de cette *retentio* est d'un sixième pour chaque enfant, mais ce droit ne peut être invoqué que jusqu'à concurrence de trois enfants, c'est-à-dire qu'il ne peut excéder la moitié de la dot. Il consiste essentiellement en une *retentio* que le mari opposera dans *l'actio rei uxoriæ*; il ne peut jamais être invoqué par voie directe : *est in retentione*, dit Ulpien, *non in petitione.* (Depeyre, op. citat. p. 50.) Les conjoints pouvaient convenir qu'il n'y aurait pas lieu à cette *retentio* en cas de dissolution du mariage, ou au contraire qu'elle aurait lieu même dans le cas où le divorce interviendrait sans aucune faute de la femme (*Frag. vat.* §§ 106, 107. — Pellat, op. citat. p. 10 et suiv.), ou encore qu'elle pourrait comprendre pour un seul enfant la retenue de la dot entière (L. 2, Dig. XXIII, iv.)

La *retentio propter mores* est du sixième de la dot, (Ulpien, VI, 12,) si le divorce a lieu à cause des *mores graviores* ou *majores* de la femme et par *mores graviores*, il faut entendre l'adultère et rien que l'adultère; elle est du huitième en cas de *mores leviores* ou *minores*. La convention des parties, à la différence de ce que nous avons vu pour la *retentio propter liberos*, est impuissante à en empêcher l'exercice.

Cette *retentio*, ainsi que la première, par le fait même qu'elle est une *retentio*, c'est-à-dire une défense à l'*actio rei uxoriæ*, ne peut atteindre immédiatement que la femme. Si cependant c'est le mari qui donne lieu au divorce par ses *mores*, la loi le frappe, comme elle frappe la femme coupable, mais par un moyen détourné, (Ulpien, VI, 13.) par l'action *de moribus*. Ainsi, tandis que de droit commun le mari doit rendre les choses fongibles par tiers et par annuités et les corps certains immédiatement, en cas de divorce prononcé contre lui *ob mores minores*, il doit restituer par tiers et par termes de six mois les choses *quæ pondere, numero, mensurave constant*, et apporter à la restitution immédiate des corps certains une quantité de fruits correspondante au temps dont la restitution des choses fongibles est avancée; en cas de *mores majores*, le mari doit rendre aussitôt après le divorce les choses fongibles et les corps certains, en ajoutant à ces derniers une quantité de fruits égale à celle qu'il perd par suite de la restitution immédiate des choses fongibles. (Depeyre, op. citat. p. 51.)

Les deux *retentiones propter liberos* et *propter mores* pouvaient-elles être annulées ou s'excluaient-elles? Cette question divise les commentateurs et, étant donnée la pénurie des documents à cet égard, il est impossible de se prononcer pour ou contre le cumul. (Voir sur la question : Depeyre, op. citat. p. 51. — Poulle, op.

citat. p. 63. — Ulpien, VI, 11. — Schulting, *Jurisp. vet. antejust.* p. 585. — Hugo, *Geschichte des röm. Rechts*, 2e édit. p. 929. — Paul, *Sent.* I, 1, § 6. — Pellat, op. citat. p. 33 et suiv.)

En ce qui concerne la *retentio propter impensas,* Ulpien dit qu'il y a trois espèces d'impenses ; les impenses sont dites nécessaires quand leur omission détériorerait la dot ; utiles quand elles ont rendu la dot plus productive ; voluptuaires, quand leur omission n'aurait pas détérioré la dot et que leur exécution ne ne l'a pas améliorée. (Ulpien, VI, §§ 14, 15, 16, 17.)

Aucune *retentio* n'est possible pour les dépenses voluptuaires, que la femme ait ou n'ait pas donné son consentement. Quant aux dépenses utiles, le mari les retiendra, si elles ont été faites du consentement de la femme ; dans le cas contraire, il ne le pourra que si les circonstances n'en rendent pas le remboursement trop onéreux. Quant aux dépenses nécessaires, le mari les recouvre en totalité par voie de *retentio* ou de *condictio indebiti.* (Pellat, op. citat. p. 38. — Poulle, op. citat. p. 64.)

Les donations entre époux étaient défendues sauf pour cause de mort, de divorce, d'affranchissement d'un esclave pour faciliter au mari l'accès des honneurs. (Ulpien, VII, § 1.) Si une donation a été faite en dehors de ces cas exceptionnels, le donateur peut reprendre la chose donnée : de là l'utilité de la *retentio propter res donatas.* Si le donataire a encore la chose donnée, le donateur la revendiquera ; dans le cas contraire, il intentera une *condictio sive causa* ou *ex injusta causa*. (Pellat, p. citat. p. 41. — Poulle, op. citat. p. 65.)

Si le mari a détourné une chose en vue du divorce, il sera aussi (comme la femme) tenu de l'action *rerum amotarum*, c'est là, la *retentio propter res amotas*, l'action qui en découle tient lieu de la *condictio furtiva*. (Ulpien, VII, § 2.)

En ce qui concerne la façon dont le mari recouvrait la *donatio propter nuptias*, les textes sont muets. Mais il est problable qu'à l'action que la femme dirigeait contre lui, le mari opposait la compensation de ce qui devait lui revenir. Ce point nous paraît hors de doute, car c'est alors l'époque de la *cognitio extra ordinem*, et le juge peut tenir compte pour en compenser de toutes les obligations *ex quacumque causa*. (Depeyre, op. citat. p. 48.)

De nouvelles pénalités s'introduisirent peu à peu qui supplantèrent ces différentes actions.

En l'an 449, les empereurs Théodose et Valentinien déclarèrent que le mari qui répudiait sa femme pour adultère garderait la *donatio propter nuptias* et la dot entière. (L. 8, § 5, code V, xvii.) Ainsi se trouvait abrogée, en fait, la loi Julia qui confisquait la moitié de la dot. (Esmein, op. citat. p. 76.) Dès lors il ne pouvait plus être question de *retentio propter mores* et d'*actio de moribus*.

En l'an 524, Justinien supprima l'*actio de moribus* (L. 11, § 2, code. V, xvii; en 530, les *retentiones* disparurent (L. unique § 5, Code V, xiii) et Justinien déclara en agissant ainsi, ne supprimer que de vains mots. Enfin il opère la fusion des deux actions *rei uxoriæ* et *ex stipulatu* dans une constitution insérée au Code. (L. unique. Cod.e V, xiii.)

Pour obtenir la restitution de la dot, il n'y a plus désormais qu'une action ; l'action *de dote*, action qui emprunte la plupart des règles de l'ancienne *actio rei uxoriæ*, avec cette différence que le mari devra restituer les immeubles immédiatement, et les meubles dans l'année du divorce.

En cas de divorce pour juste cause, le mari qui envoie le *repudium*, en invoquant une des causes indiquées, peut garder la dot et la donation *ante nuptias*.

Si les époux envoient le *repudium* sans juste cause, la femme perd sa dot et la donation *ante nuptias*, et le mari, dans le même cas, doit rendre la dot et la donation *ante nuptias*. Pour éviter ces peines, les époux ne contractaient plus que des mariages sans dot. Justinien, pour éviter ce résultat, décide que si le mari a répudié sans juste cause, il devra être condamné à abandonner à sa femme le quart de sa fortune, sans que jamais ce quart puisse dépasser cent sous d'or : la même peine frappe la femme qui répudie sans cause légitime. (Poulle, op. citat. p. 67.)

Par la suite, il modifie dans un sens plus sévère encore les peines établies par lui. Le mari qui frappe injustement sa femme, ne peut plus être répudié par elle, mais il doit lui payer une indemnité équivalente au tiers de la donation *ante nuptias*. (Novelle CXVII, c. xiv.)

L'adultère est surtout l'objet de ses sévérités. La femme condamnée et enfermée dans un cloître perd tous ses biens. Le mari gagne les *lucra nuptialia*; quant aux autres biens, deux tiers vont à ses descendants, et le reste au monastère. Si elle a des ascendants, et pas de descendants, ils ont un tiers, et le reste va au monastère. Si elle n'a pas d'ascendants ou qu'ils aient favorisé sa faute, tout va au monastère. (Novelle CXXXIV, c. x.) Quant au complice, s'il a une femme, elle gagnera avec sa dot, la donation *ante nuptias*; s'il y a des descendants ou des ascendants jusqu'au troisième degré, ils recueilleront les autres biens, et à leur défaut, le fisc pourra les revendiquer. La novelle CXXXIV, c. xi, allant plus loin, déclare même que l'époux qui divorce sans cause, sera enfermé dans un monastère, et subira les déchéances pécuniaires indiquées dans le chapitre X.

Les époux, après le divorce peuvent se réunir, contracter ensemble un nouveau mariage et reprendre la vie commune. Dans ce cas, la femme ne peut plus réclamer sa dot, parce qu'il est à présumer que l'ancienne dot doit, dans l'intention des parties, servir pour le nouveau mariage. (L. 30, Dig. XXIII, c. iii.) La femme qui revient auprès de son mari et renouvelle son union, n'a certainement pas entendu rentrer en mariage sans être dotée, (L. 40. Dig. XXIII, c. iii.) A défaut de convention contraire, la dot devait être réputée constituée pour le nouveau mariage, même si la femme, après le divorce, ayant épousé un autre homme, revenait ensuite à son premier mari. (L. 64. Dig.)

Enfin si nous voulons considérer les effets du divorce à l'égard des biens des enfants, nous trouvons dans la novelle CXVII, c. XIII, que Justinien déclare que si la femme a répudié sans juste cause, sa dot sera attribuée en usufruit au mari qui devra la conserver pour les enfants communs. Le mari aura la pleine propriété s'il n'y a pas d'enfants. Quant aux autres biens de la femme, deux tiers en seront donnés aux enfants, l'autre tiers devant être attribué au monastère.

CHAPITRE NEUVIÈME

DROIT MUSULMAN.

La loi de Mahomet autorisait le divorce, comme celle
de Moïse. Il y avait cette différence seulement que, suivant cette dernière, un homme ne pouvait reprendre
une femme qu'il avait répudiée et qui avait été mariée
ou fiancée à un autre; au lieu que Mahomet, voulant
empêcher que ses sectateurs ne répudiassent leurs
femmes pour de légers motifs ou par inconstance, établissait que si un homme répudiait sa femme pour la
troisième fois, il ne pourrait plus la reprendre, à
moins qu'elle n'eût épousé un second mari. Cette précaution a eu un si bon effet que les mahométans en
viennent rarement au divorce, malgré la liberté qu'ils
en ont; et qu'ils ont toujours regardé comme un grand
mal d'en venir à cette extrémité. La femme répudiée
reprenait son douaire, si elle n'était pas renvoyée pour
cause d'adultère ou d'insubordination notoire. (Tissot,
op. citat. p. 51.)

La femme n'avait pas le droit de se séparer de son

mari, excepté pour des causes très graves, telles que mauvais traitements, impuissance, délaissement malicieux. Mais alors encore, elle perdait son douaire.

Lorsqu'une femme était répudiée, elle était obligée d'attendre qu'elle ait eu trois fois des preuves qu'elle n'était pas enceinte, avant de se remarier, ou si son âge pouvait laisser quelques doutes là-dessus, d'attendre trois mois. Ce temps expiré, si elle n'était pas enceinte, elle pouvait disposer d'elle comme elle voulait; si elle était enceinte, elle devait attendre jusqu'à l'époque de sa délivrance. (G. Sale. *Observations sur Mahomet, dans les Livres sacrés de l'Orient*, par M. Pauthier.)

La femme arabe qui est sans nouvelles de son mari depuis un an ou deux, ou qui n'a point de quoi vivre chez lui, demande le divorce, et la loi prescrit au cadi de le prononcer. Le divorce est très usité chez les Kabyles; mais il est pour ainsi dire laissé au caprice du mari. Celui qui veut divorcer dit à sa femme: Je te quitte pour cent douros; et la femme se retire avec cette somme chez ses parents. Si elle se remarie elle doit rendre l'argent à son premier époux; mais si elle ne contracte pas de nouveaux liens, elle le conserve en toute propriété pour subvenir à ses besoins. Ce qui rend cette mesure nécessaire, c'est que les filles n'ont aucun droit à l'héritage de la famille, par la raison que la femme, dotée par son mari, et forcée de le suivre, pourrait ainsi augmenter les ressources d'une tribu étrangère. (Daumas, *Mœurs et coutumes de l'Algérie*, p. 188, 189.)

Quoique que le Coran ait subordonné complètement la femme au mari, il en a cependant rendu la condition meilleure. Il a défendu de tuer les filles nouveau-nées, comme on le pratiquait sans scrupule avant lui; il recommande aussi de traiter toutes les femmes qu'on peut avoir (quatre principales, et autant de concubines qu'on veut) de la même manière et convenablement. (Tissot, op. citat. p. 52.)

Le Coran recommande aussi au mari de réfléchir pendant quatre mois avant de répudier sa femme. Mahomet avait renvoyé son épouse Aïscha, chez ses parents, parce qu'il la soupçonnait d'infidélité. Mais bientôt il reconnut son erreur et la reprit auprès de lui. Aussi décida-t-il qu'on devrait punir de l'emprisonnement quiconque accuserait d'infidélité la femme d'autrui, toutes les fois que cette accusation ne serait pas confirmée par les dépositions de quatre témoins dignes de foi. Lorsqu'un mari veut renvoyer sa femme, il lui fait remettre un acte de répudiation appelé *teloik boin*; cet acte rompt définitivement le mariage, tandis que le *teloik ridj'ei* ne produit qu'une répudiation temporaire de la femme, une sorte de séparation de corps, de telle sorte que le mari peut à son gré renouer avec sa femme la vie conjugale, sans être obligé de renouveler son mariage. (Sure, II, versets 228 et 229. — Gans, *Erbrecht*, I p. 195.— Unger, *Die Ehe*, p. 48. — Tornauw, *Mosl. Recht*, traduit par Eschbach, p. 157.— Glasson, op. citat. p. 226.)

CHAPITRE DIXIÈME

Chez les barbares, le mariage apparaît le plus souvent sous la forme d'un achat et d'une vente : le mari achète la personne même de sa femme ou peut-être le *mundium* à celui qui l'exerce. On voyait ces mariages appelés *matrimonia venalia*, avec faveur, parce que leur preuve était assez facile. Les mariages contractés autrement étaient parfois, au moins dans l'origine, considérés comme de simples concubinats. (Glasson, op. citat. p. 181. — Zœpff, *Deustche Rechtsgeschicte* § 81.)

D'après la loi des Burgondes, le mariage se forme au moyen d'une *desponsatio* à la suite de laquelle un prix d'acquisition est payé par le mari aux parents de la femme, si ceux-ci vivent encore, et, à leur défaut, aux membres de la famille qui, en cas de crime, avaient droit au wergheld de la femme. (Lex Burgund., LXVI.) Ce prix s'appelait *nuptiale pretium* ou bien *wittemon*. Lorsqu'une fille se mariait sans le consentement de sa famille, son mari devait payer trois fois la valeur du *wittemon* et de plus une amende qui variait suivant sa qualité. (Lex Burgund. XII, 3 ; XXXIV, 2 LII, LXI, LXVI, LXIX, LXXXIV, 2, 3. adn., I, 14. — Glasson, op. citat.) La loi des Wisigoths parle aussi d'un *pretium nuptiale, pretium dotis, dos* (Lex Wisig., III, 1, 2, 4, 5, 6, 7, 8.)

Elle fixe même un maximum qui ne peut pas être dépassé pour les personnes de haute qualité : ce maximum est d'un dixième de la fortune. (Lex Wisig. III, 1, 5.) Le fiancé qui n'exécute pas sa promesse de mariage dans les deux ans, doit payer une amende. On assimile à l'adultère le fiancé qui viole la foi promise. Mais les fiançailles peuvent être rompues par le consentement mutuel ou pour des motifs légitimes. (Lex Wisig. III, 1, 2, 3, 4, 6. — Glasson, op. citat.)

Chez les anciens Germains, les liens de la famille et du mariage étaient solidement établis, on se mariait tard et l'union conjugale avait un caractère sacré. On n'y connaissait ni la polygamie ni les unions irrégulières. (Strabon, VIII, 2, 3. — Geffroy, *Rome et les barbares*, 192. — Tacite, *Germanie*, ch. 10 ; ch. 19 ; ch. 20. Cæsar, VI, 21. — Wilda, *das Strafrecht der Germanen*, p. 823.) Le mariage constituait une véritable communauté de vie et de biens entre époux. Les libéralités faites à l'occasion du mariage avaient pour objet d'assurer la prospérité du nouveau ménage. (Tacite, *Germanie*, ch. 18. — Grimm, *Rechtsalterthüner*, p. 427. — Waitz, *Deustche Verfassungsgeschicte*, I, p. 44.) La femme était traitée dans le ménage comme une véritable maîtresse de la maison. Le mari avait les droits les plus rigoureux sur sa femme et sur ses enfants ; il pouvait les chasser, les mettre à mort, mais il n'exerçait son droit que dans des circonstances exceptionnelles. (Tacite, *Germanie*, ch. 7, 15, 18. — Grimm, *Mythologie*, p. 84.)

Suivant Tacite, les Germains n'admettaient ni divorce, ni second mariage pour la femme après la mort de son mari. Si elle était enceinte quand elle était répudiée, elle ne pouvait contracter de nouveaux liens qu'après ses couches. (Tacite, *Germanie*, ch. 19.) Ce qui est certain, c'est qu'après l'invasion de l'empire romain, les Germains usèrent largement du divorce.

On pouvait divorcer ou par la volonté des deux parties, fondée en raison ou non, ou par la volonté d'une seule des parties, de l'homme surtout.

Les causes du divorce étaient des défauts corporels ou des crimes. Le mari pouvait demander le divorce à cause de la stérilité de sa femme, la femme à cause de l'impuissance du mari ou pour cause de non cohabitation.

Les cérémonies de la dissolution du mariage correspondaient à celles de sa célébration, comme chez les Romains la *diffarreatio* et la *remancipatio* correspondaient à la *confarreatio* et à la *mancipatio*. Les clefs étaient redemandées à la femme comme dans nos vieilles coutumes. « Lorsqu'on ostait les clefs à la femme, c'estait le signe de divorce ». (Gadet, *Notes à la const. de Chaalons*, 1615, p. 36.) Les divorcés prenaient une bande de lin, la coupaient en deux et en gardaient chacun une moitié. Cette formalité paraît avoir été une coutume religieuse. (Tissot, op. citat. p. 103.)

Tacite a décrit le châtiment de la femme adultère : après qu'on lui a rasé les cheveux, on la dépouille de ses vêtements ; puis, en présence de ses parents, le mari la chasse de sa demeure et la poursuit à coups de verges par toute la bourgade. Saint Boniface au viiie siècle, confirme ce récit dans une de ses lettres : « Chez les anciens Saxons, dit-il, on forçait la coupable à se suspendre au gibet et, sur le bûcher où l'on brûlait son corps, on suspendait son complice ; ou bien les femmes assemblées la poursuivaient de village en village en lui déchirant ses vêtements, en la frappant à coups de verges, ou même à coups de couteau. Bien plus, ajoute-t-il chez l'humble tribu des Venèdes, la veuve, refusait de vivre, et celle-là était fort vantée qui montait volontairement sur le bûcher de son mari ». (Lettre, 19, V. *Epistolæ S. Bonifacii ad Nicolaus Serarius*, Mayence 1605.)

Plus tard la femme adultère était renvoyée avec sa quenouille et quatre pfennigen. Dans le Nord, il y avait séparation en règle quand le mari déclarait devant témoins qu'il abandonnait sa femme. La femme pouvait amener ses témoins devant le lit de son mari et devant la porte principale. A la troisième fois la chose avait lieu devant la justice. Parfois le mari abandonnait sa femme sans formalités. La séparation du lit et de la table paraît avoir souvent précédé la séparation proprement dite. (Grimm, *deustch. Recht Alterthum*, p. 176, 177. — Tissot, op. citat. p. 103.)

Le divorce par consentement mutuel était permis avec la plus grande facilité chez les Alamans. (Lex Alam. add. 27.) On permettait, dans ce pays, le divorce au mari, moyennant une composition ou indemnité de quarante sous, si le mariage n'avait pas été solennel, et si le mari affirmait avec un certain nombre de cojurateurs qu'il ne quittait sa femme, que par amour pour une autre et sans qu'il eût reconnu en elle aucun vice. (Lex Alam. 53 — Tissot, op. citat. p. 103 — Glasson, op. citat. p. 185.)

Il semble que les autres barbares connaissaient aussi cette forme du divorce et qu'ils la conservèrent même après leur conversion au christianisme. (Marculfe, *Form.* II. 30. — *Cap. Pépin*, a. 753, Pertz, I, 23, c. 18.) On a conjecturé qu'en cas de divorce par consentement mutuel, si la femme voulait se remarier, son nouveau mari était obligé d'acheter le *mundium* du précédent. (Glasson, op cit. p. 186.)

Quant au divorce pour des causes déterminées, il est mentionné aussi bien dans les capitulaires que dans les anciennes lois barbares. (Lex Burg., XXXIV, 3. — Lex Wisig., III, 6, 3 — Edict. Theod., § 54. — Form. Mabil., 56. — Marc, II, 30. — *Capit.* a. 753, c. 5. — Pertz, I, 22.) Les causes les plus ordinaires du divorce étaient l'adultère, le meurtre, la magie, la violation de sépulture. L'Eglïse permettait aussi, dans ces différents cas, aux époux de se séparer, mais elle leur interdisait de contracter un nouveau mariage, et c'est dans cet usage que se trouve la source de la séparation de corps perpétuelle. Cette institution fut définitivement organisée dès le xe siècle; à partir de cette époque, ce furent les principes du droit canonique qui, en général, s'appliquèrent à la dissolution du mariage. (Glasson, op. citat. p. 187.)

Le mari avait toujours, dans les lois barbares, le droit de répudier sa femme, même par pur caprice; seulement quand il la renvoyait sans motif, il était tenu de certaines peines. La femme, au contraire, n'avait la faculté de quitter son mari que dans des cas graves et spécialement déterminés. Les lois barbares voulaient d'ailleurs que, sauf le cas d'adultère, la femme répudiée eût son existence assurée. Le mari devait lui laisser la maison et tout ce qu'elle contenait; il était même obligé de lui abandonner l'équivalent du *mundium* et de payer une amende au fisc s'il répudiait sa femme sans aucun motif sérieux. (*Lois Alam.* Laboulaye, p. 153. — *Lois bavaroises lombardes*, Laférière, p. 151. — Pardessus, p. 680. — Zœpfl, op. citat, 84.) D'après les lois galloises, le mari doit rendre la dot à sa femme s'il la renvoie avant qu'il se soit écoulé sept jours; après sept jours, depuis le mariage; il faut qu'il lui abandonne la moitié de tout le patrimoine. Les lois galloises autorisent la femme à quitter son mari, sans encourir la perte de la dot, dans trois cas ; *si leprosus sit vir, si habeat fetidum anhela-tum, et si cum ea concumbere non possit.* (Lex Walliæ, lib. III, tit. 20, c. 31) (*Lex Walliæ*, Dunet. cod. lib., II, tit, 19, v. 1.)

La loi des Alamans propose des peines pécuniaires et la perte du *mundium* contre le mari qui renvoie sa femme sans juste motif. Quand un chef veut vendre sa femme et la faire passer sous le *mundium* d'un au-tre, il faut le consentement de son supérieur. La loi des Alamans admet, dans certains cas, la perte du *mundium* à titre de peine contre le mari, et alors la femme peut se séparer de son mari et se placer à son choix sous le *mundium* de l'un de ses parents ou sous celui du roi. Les cas dans lesquels la femme acquiert ce droit sont : *Si in animam mulieris insidiaverit ; si alii invitam ad maritum tradere vóluerit aut volenti-bus ad ejus violentiam faciendam consensum præbuerit aut consilium dederit ; si crimen ei injecerit, quod adulterasset ; si eam strigam, quod est muscam clama-verit. Si uxorem suam absque culpam legitimam post-posuerit, et aliam in domo superinduxerit.* (Rothar ; c. 195, 196, 197. — Grimoald. c. 6.) (*Lex. Alam.* ad-dit. I, c. 30.)

Chez les Burgondes, l'adultère, la violation des sé-pultures, la magie, étaient les trois seules causes de divorce, quand il n'avait pas lieu par consentement mutuel. Si le mari répudiait sa femme sans cause lé-gitime, il était obligé de lui abandonner son douaire, ou même de lui en payer le double. La femme ne pouvait quitter son mari qu'avec son consentement. La femme qui abandonne son mari doit être noyée dans du fumier. (*Lex Burgund*. XXXIV, 1, 4.)

On retrouve des dispositions analogues chez les Goths : un édit de Théodoric confirme les lois de Constantin sur les causes du divorce, et donne même les trois motifs de divorce reconnus par ce prince, comme anciennement admis par les Goths. Deux de ces causes sont pour la femme : un mari sorcier ou violateur des sépultures. La femme coupable d'adultère, de sorcellerie, de maquerellage, pouvait être renvoyée. Avant cette législation, les causes de divorce parmi les Ostrogoths étaient indéterminées et beaucoup plus nombreuses.

Les lois d'Euric Ier roi des Wisigoths, antérieures de quarante ans à celles de Théodoric (460-500), sont moins favorables au divorce, puisque le conjoint répudié ne pouvait se remarier. La femme ne pouvait être renvoyée que pour cause de fornication. Ces lois se maintinrent dans le *Corpus legum gothicarum,* dans le *Forum judicum,* et le *Liber judicis*. Elles passèrent même dans le recueil d'Alphonse X (1260), les *Partidas* (IV, t. 10) où les décrets pontificaux devinrent lois civiles. (Tissot, op. citat. p. 104.) Les Lombards ne permettaient le divorce (avec faculté de convol) que pour cause d'adultère. (Lony, II, 13, 4.)

Les Francs admettaient le divorce : les formules de Marculfe ne laissent aucun doute à cet égard : « Il n'y a que des causes certaines et prouvées qui peuvent donner lieu à la répudiation entre le mari et la femme. Aussi, comme ce n'est plus la charité chrétienne, mais la discorde qui règne entre un tel et son épouse, et qu'ils ne peuvent plus vivre ensemble, il a été convenu d'un commun accord qu'ils se sépareraient, ce qu'ils ont fait. » (*Form. de Marculfe*, livre II, 30.)

Le divorce avait lieu par consentement mutuel, on ne demandait pas d'autre cause sous Clovis II et Dagobert (650). La faculté de passer à de secondes noces du vivant du premier conjoint ne paraît pas douteuse, suivant Bignon. (*Concile de Verberie*, 752.)

Les capitulaires de Charlemagne prouvent que le divorce fut pratiqué en France jusqu'au temps de Louis le Débonnaire. Les lois carolingiennes acceptèrent sur le divorce comme sur d'autres points les décisions pontificales ; il n'y eut d'exception, si même c'en est une, que pour le cas d'impuissance du mari ; la femme pouvait alors le répudier et contracter un autre mariage.

Cependant Charlemagne, qui eut jusqu'à trois femmes successivement et en même temps vivantes, fut canonisé par la Cour de Rome (Baluze, VI, 191) qui excommunia Lothaire II pour avoir divorcé, même avec l'assentiment d'un concile. (Metz, 862.) (Tissot, op. citat. p. 108.)

En Bretagne, jusqu'au temps de Théodose le Jeune, la question du divorce fut réglée par les lois impériales ; les mœurs semblent avoir maintenu, à l'aide même de nouvelles lois, une faculté que la législation impériale avait reconnue, témoin une loi de l'an 940 citée par Selden, où trois causes de divorce sont mentionnées : *Si lepra vir inficitur, et si fœdum habet anhelitum, et si cum ipsa coire non valeat.* (Tissot. op. citat. p. 105.)

Les lois des Saxons et des Danois établis en Angleterre avant la conquête normande contiennent des dispositions complètes et curieuses sur le mariage et sur le divorce. Le mariage n'y était pas un acte religieux, avant l'introduction du christianisme ; il s'appelait *ae, aer*, mot qui signifie littéralement *jus, lex*, parce que le mariage est le rapport le plus légal qui puisse s'établir entre un homme et une femme. (Lois d'Alfred, 38 ; cpr. lois de Henri Ier, 82.)

Celui qui voulait contracter de justes noces avec une jeune fille commençait par former avec elle le lien des fiançailles. (Lois d'Edmond, *de sponsalibus*, 1 et 2.) A cet effet, le jeune homme faisait déclarer par ses parents à ceux de la jeune fille qu'il avait l'intention de l'épouser devant Dieu, et qu'il était disposé à remplir envers elle tous les devoirs du mariage. Ces engagements acceptés, le futur remettait aux parents de sa fiancée, le prix d'achat (Lois d'Æthelbert, 76, 82. — Cpr. lois d'Ina, 31.) Il faisait connaître aussi ce qu'il avait l'intention de remettre à sa femme à titre de don du matin et le douaire qu'il lui constituait pour le cas où il aurait prédécédé. (Lois d'Edmond, *de sponsalibus*, 3.) La fille ne pouvait d'ailleurs pas être contrainte à se marier contre son consentement. (Lois d'Edmond, *de sponsalibus*, 1. — Lois de Canut, II, 72.) Tant que ces formalités n'ont pas été remplies, chacun des futurs peut revenir sur son consentement, seulement si c'est le fiancé qui se retire, il perd son prix d'achat. (Arg. Lois d'Æthelbert, 76.)

Le divorce était permis même par la volonté d'un seul époux. Toutefois le mari qui voulait rompre perdait son prix d'achat (Glasson, op. citat. p. 195.)

Sous l'influence de l'Eglise, on avait imposé, dans ce cas à la femme l'obligation de se retirer dans un monastère ou dans tout autre lieu semblable pour y vivre dans la chasteté. (Lois d'Æthelbert, 78 et 79.)

Le mari avait toujours le droit de renvoyer sa femme en cas d'adultère, ainsi que toutes les fois qu'il avait été trompé dans le mariage, comme si sa femme n'était pas vierge. (Lois d'Æthelbert, 32 et 76.) Il n'encourait alors aucune pénalité, et les lois lui permettaient formellement d'en épouser une autre. (Glasson, op. citat. p. 195.) L'inégalité des conditions paraît avoir été aussi une cause de divorce. (Egl. Exc. 126. — Glasson, op. citat.).

Les Irlandais admettaient le divorce, comme on le voit par les lettres de Lanfranc à Gothricus et à Terdevalcus, rois de cette contrée, ainsi que par celles de saint Anselme, successeur de Lanfranc, à Murcardachus, autre roi du même pays. Cet usage s'est maintenu, surtout dans les parties de l'île les plus sauvages, jusqu'à nos jours. (Selden, op. citat. — Tissot, op. citat. p. 105.)

En Ecosse le vieux droit permettait la séparation pour des vices corporels; mais il y a doute sur le point de savoir si le mariage était par là dissous. (Tissot, op. citat.).

CHAPITRE ONZIÈME

En Orient, ce fut seulement une constitution de l'empereur Léon le Philosophe qui consacra comme loi le principe du mariage religieux; cette constitution n'appartient plus au droit romain, c'est de la législation bysantine.

L'influence de l'Eglise fut plus immédiate sur le divorce, parce qu'elle avait compris qu'elle ne pouvait pas tout de suite en exiger la suppression, et, que tout en le condamnant, elle le tolérait par nécessité. Ainsi en agit-elle avec l'empire romain, comme nous l'avons vu par les constitutions des empereurs Théodose, Valentinien et Justinien.

L'Eglise rencontra moins de résistance, parmi les barbares. Ces peuples, récemment convertis au christianisme, acceptèrent sans difficultés le principe du mariage religieux; s'il fut moins facile de les éloigner du divorce et de la répudiation, c'est parce qu'à cet égard la doctrine de l'Eglise ne fut pas elle-même solidement assise avant le concile de Trente.

Pendant les premiers siècles, la question du divorce et de la répudiation resta indécise et souleva de vives discussions parmi les Pères de l'Eglise et dans les conciles. C'est qu'en effet, si les quatre évangélistes sont unanimes pour proclamer le dogme de l'indissolubilité du mariage, saint Mathieu semble autoriser la répudiation.

Les Pharisiens ayant demandé à Jésus-Christ s'il était permis de répudier sa femme et ayant invoqué la loi de Moïse qui autorisait le divorce, Jésus-Christ, d'après saint Mathieu (Ch. XIX), répondit: « C'est à cause de la dureté de votre cœur, que Moïse vous a permis de renvoyer vos femmes; mais cela n'a pas été ainsi depuis le commencement. Aussi, je vous déclare que quiconque renvoie sa femme, *si ce n'est pour cause d'inconduite*, et en épouse une autre, commet un adultère. » Saint Mathieu reproduit absolument la même doctrine dans un autre passage de son Evangile (Ch. V, versets 31 et 32); mais, d'un autre côté, saint Marc (Ch. X, verset 11) et saint Luc (Ch. XVI, verset 18) font dire à Jésus-Christ, en termes absolus : « *Omnis qui dimisit uxorem suam et alteram ducit, mœchatur.* » Il n'est plus fait mention du cas d'adultère de la femme. La répudiation semble défendue d'une manière absolue. (Glasson, op. citat. p. 214.) La question parut très embarrassante et divisa les plus grands esprits. Tertullien (Liv. IV, c. *Marcion*), saint Epiphane autorisent la répudiation pour cause d'adultère. Saint Astère qui, avant d'être évêque, avait été un avocat très distingué, était encore plus net : « *Existimate et omnino vobis persuadete matrimonia morte tantum dirimi et adulterio.* » Saint Jérôme et saint Chrysostôme sont pour l'indissolubilité. Saint Augustin, qui écrivit un traité sur le divorce, se prononce contre la répudiation. D'après lui saint Mathieu autorise bien le mari à renvoyer la femme coupable d'adultère, mais ne lui permet pas d'en épouser une autre. (Glasson, op. citat. p. 215. — Poulle, op. citat. p. 83. — Tissot. op. citat. p. 113.)

Voici d'ailleurs l'avis des principaux Pères de l'Eglise et des papes sur le divorce.

Saint Basile (S. Bas. t. 3.) dit, dans son épître à Amphiloque : « Le mari qui, se séparant de son épouse, » en prend une autre, est adultère ; et celle qui habite » avec lui, est également adultère. »

Origène (Orig. Comment. in Matth.), dans son septième traité sur saint Matthieu, parle de certains évêques qui permettaient aux maris de se remarier après avoir répudié leurs femmes pour cause d'adultère : et il ajoute que ces évêques donnaient cette permission sans l'autorité de l'Ecriture, et même contre le sens de l'Ecriture : *Extra Scripturam, et contra Scripturam.*

L'éloquent saint Chrysostôme (S. Chrys. t. 5) s'exprime ainsi : « La femme est sous la loi ; et de même que l'esclave fugitif traîne partout avec lui la chaîne de son maître, ainsi une femme qui abandonne son mari, au

lieu de chaîne, a une loi qui la suit, l'accuse d'adultère, condamne même ceux qui l'accueillent, et lui
crie : Il vous reste un époux, ce que vous faites est un
adultère ; car la femme est soumise à la loi du mari
tant qu'il vit ; et quiconque l'épouse n'est qu'un vil
adultère. »

Saint Epiphane, en parlant des Ebionites, compte
parmi leurs erreurs, l'opinion où ils étaient, *qu'on
pouvait rompre le mariage, et passer à de secondes
noces.* Ce Père ne saurait donc approuver le divorce.

Saint Ambroise, dans un commentaire sur saint Paul,
paraît permettre à l'époux de se remarier du vivant
de son épouse : mais ce commentaire, suivant les critiques éclairées, n'est pas de lui, il est d'un certain
Hilaire, diacre romain, dont l'autorité n'est d'aucun
poids. Ce qui confirme cette opinion, c'est que saint
Ambroise établit l'indissolubilité du mariage dans plusieurs de ses ouvrages (Amb. *in Abrah.* 1, c. 7), et surtout dans son commentaire sur saint Luc, où il parle
ainsi du nouveau mariage de la femme répudiée : « Il
ne vous est pas permis, votre femme vivant, d'en
épouser une autre ; car, en chercher une autre lorsque vous avez la vôtre, c'est un crime d'adultère. »

Saint Augustin est aussi clair (S. Aug. *de Adulter.* c.
5:) « Une femme, dit-il, ne peut devenir l'épouse d'un
second mari, avant la mort du premier. Elle ne cesse
d'être l'épouse du premier qu'à sa mort, et non pas s'il
tombe dans l'adultère, car une femme peut bien pour
cause d'adultère se séparer de son mari ; mais elle ne

peut rompre le lien qui l'attache à lui, quand même elle ne se réconcilierait jamais avec lui : ce lien doit durer jusqu'à sa mort ; car si, par l'adultère de l'épouse, le nœud conjugal était rompu, il s'ensuit cette conséquence pleine de dangers, que la femme, par son impureté, pourrait se dégager de tout lien. »

Saint Jérôme est aussi pressant que saint Augustin sur cette matière.

Asterius, évêque d'Amasée, est, parmi les anciens Pères, celui qui a paru approuver le plus clairement le divorce dans le cas d'adultère.

Tous les papes ont réprouvé le divorce. Il y a lieu de consulter surtout les décisions d'Innocent I, de saint Léon, de saint Grégoire le Grand, de Nicolas I, si fameux par sa fermeté contre le divorce de Lothaire, de Léon IV, de Célestin III, au sujet de la séparation de Philippe-Auguste avec Ingeburge ; on verra tous ces pontifes, animés d'un même esprit, s'opposer invariablement au divorce.

Grégoire II, qui était sur le Saint Siège l'an 926, permet à un mari de prendre une autre femme ; mais parce qu'elle était inhabile au mariage, et dans une impuissance perpétuelle.

Alexandre III, dans ses lettres à l'archevêque de Cantorbéry et à l'évêque de Bayeux, défend le divorce aux époux, quand même l'un d'eux serait attaqué de la lèpre, et ne leur prescrit qu'une séparation momentanée.

Voici maintenant l'énumération et l'appréciation de

chacun des conciles qui ont eu à s'occuper du divorce.

Les canons des Actes des Apôtres, quoique faussement attribués aux Apôtres, sont néanmoins un des monuments les plus respectables de l'antiquité chrétienne. Le canon quarante-huitième proscrit le divorce, en ces termes : « Si un laïque, après avoir renvoyé » son épouse, en prend une autre, ou épouse une femme » séparée de son mari, qu'il soit exclu de la société » des fidèles. »

Les constitutions apostoliques ne parlent que d'une séparation, et sont d'ailleurs pièces supposées, au jugement de tous les critiques.

Le concile d'Elvire (Labbe, t. 1,) tenu l'an 305, prononce, canon huitième, « que les femmes qui, sans aucune cause précédente, ont abandonné leurs maris et se sont unies à d'autres, ne recevront pas la communion, même à la mort. »

Cette expression, sans cause précédente, ne signifie pas qu'on puisse divorcer avec cause, mais signifie seulement que le concile, par une juste sévérité, refuse la communion, même à l'article de la mort, aux femmes qui abandonnaient leurs maris sans aucun sujet; au lieu qu'on se contentait d'imposer une pénitence momentanée à celles qui quittaient leurs maris avec quelque espèce de raison.

Le premier concile d'Arles, en l'an 314, rappelle (Labbe, t. I,) aux fidèles qui surprennent leurs femmes en adultère, qu'il leur est défendu de se remarier à d'autres, quoique la loi civile le leur permette.

C'est par respect pour les lois des empereurs, que ce concile dont la puissance n'était que spirituelle, se sert de la voix pacifique du conseil, au sujet du divorce; mais c'est après avoir observé qu'il le défend autant qu'il est en lui.

Le concile de Néocésarée, en 314 (Labbe, t. I, p. 479) a rendu le canon suivant : « Si la femme d'un laïque est convaincue d'avoir commis un adultère, le laïque ne pourra être admis au saint ministère ; mais si l'adultère a été commis par sa femme, après avoir été ordonné, il doit la renvoyer ; et s'il continue de vivre avec elle, il ne peut plus exercer les fonctions publiques du saint ministère. »

On voit qu'il n'est question ici que d'un simple renvoi, ou de la séparation, puisque ce même concile défend aux prêtres de se marier.

Le concile d'Agde, au canon 25e (Labbe, t. 7, p. 1387), peut s'entendre, à la rigueur, de la rupture du lien du mariage, pour des causes résultantes de quelque empêchement dirimant, mais non pour le fait d'adultère ; il n'y a pas un mot qui l'indique. Les évêques du concile revendiquent avec justice la connaissance des motifs de cassation dans les cas de nullité, et l'adultère n'en fut jamais un.

Le concile de Dalmatie menace d'infliger des peines canoniques à ceux qui se sépareront sans attendre le jugement de l'Eglise, ou qui, mariés dans des degrés prohibés, continueraient à vivre ensemble.

On doit remarquer ici, que, loin que l'Eglise permît

le divorce, elle ne souffrait pas même les séparations faites du simple mouvement des époux.

Le deuxième concile de Tolède déposa Sisbert, non pour s'être opposé au divorce du roi Egica, mais pour s'être révolté contre lui, de concert avec plusieurs autres grands du royaume.

Le concile tenu à Milève, en Afrique, l'an 416, fut célèbre surtout par la présence de S. Augustin. « Il nous a plu, disent les Pères de ce concile, canon 17, il nous a plu, suivant la doctrine des Apôtres et de l'Evangile, que, ni le mari renvoyé par sa femme, ni la femme renvoyée par son mari, n'épousent d'autre personne ; qu'ils restent, au contraire, dans cet état, ou qu'ils se réconcilient; s'ils ne veulent point s'y prêter, qu'ils soient soumis à une pénitence : il faut solliciter, à cet effet, un rescrit impérial ».

Les conciles de Vannes, d'Orléans, de Soissons, de Tibur et de Rome, ne parlent que d'une simple séparation de corps, et non d'un divorce réel, ou d'une rupture du lien du mariage, qui permette de passer à de nouvelles noces du vivant des époux.

Le concile de Verberie (Labbe, t. 6), au huitième siècle, présente des difficultés. Le canon 5° est le plus obscur; en voici la traduction littérale : « Si une femme a tramé la mort de son mari avec d'autres hommes, et si son mari en se défendant, a tué un homme, lorsqu'il en aura la preuve certaine, il peut renvoyer sa femme, et en prendre même une autre, s'il le juge à propos ».

M. Fleury, si versé dans la science ecclésiastique, pense qu'il faut entendre que le mari ne se remariera qu'après la mort de sa femme; et cette expression, après la mort de sa femme (*post mortem uxoris*), se trouve en effet dans le texte des décrétales.

Il semble que l'on doit accueillir cette interprétation, avec d'autant plus de raison, que les canons 8° et 19°, du même concile sont très positifs sur l'indissolubilité du mariage.

Le concile de Compiègne, tenu quelque temps après celui de Verberie, permet, il est vrai, au mari d'une lépreuse de prendre une autre femme; mais la lèpre était, au huitième siècle, un empêchement qui annulait le mariage de plein droit.

Le concile de Florence (Labbe, t. 3) n'a point permis le divorce aux Grecs, ainsi que l'avancent certains auteurs. A la dernière session, le pape Eugène, résumant les motifs du schisme qui existait entre les Grecs et les Latins, demanda aux premiers pourquoi ils suivaient, au sujet du divorce, une doctrine différente des Latins, qui l'avaient toujours rejeté? Les Grecs répondirent au pape, qu'ils n'avaient aucun pouvoir de l'empereur pour entamer cette question et que, quelque importante qu'elle fût, il ne paraissait pas encore à propos de la traiter; que, néanmoins ils pouvaient lui assurer qu'ils ne rompaient jamais les mariages *sans de justes causes*. C'est tout ce qu'Eugène put tirer d'eux; et la chose ne fut pas poussée plus loin, parce que l'empereur, par des motifs secrets, ne voulait point qu'on s'en occupât.

Rien n'annonce ici, de la part d'Eugène, qu'il laissa aux Grecs la liberté du divorce : et comment le concile y aurait-il consenti, après avoir déjà décrété, pour les Latins, le principe de l'indissolubilité du mariage ?

Le concile de Trente doit fixer principalement nos regards, comme l'assemblée la plus imposante qui jamais ait donné des lois à l'Eglise.

Dans la vingt-quatrième session (concil. Trident. sess. 24), on y prononça les canons suivants, que nous croyons devoir reproduire en entier étant donnée leur importance.

DU SACREMENT DU MARIAGE.

CANON I.

Si quelqu'un dit que le mariage n'est pas véritablement et proprement un des sept sacrements de la loi évangélique, instituée par Notre-Seigneur Jésus-Christ, mais qu'il a été inventé par les hommes dans l'Eglise, et qu'il ne confère point la grâce : qu'il soit anathème.

II.

Si quelqu'un dit qu'il est permis aux chrétiens d'avoir plusieurs femmes et que cela n'est défendu par aucune loi divine : qu'il soit anathème.

III.

Si quelqu'un dit qu'il n'y a que les seuls degrés de parenté et d'alliance marqués dans le Lévitique (c. 7) qui puissent empêcher de contracter mariage, ou qui puissent le rompre quand il est contracté, et que l'Eglise ne peut pas donner dispense en quelques-uns de ces degrés, ou établir un plus grand nombre de degrés qui empêchent et rompent le mariage : qu'il soit anathème.

IV.

Si quelqu'un dit que l'Eglise n'a pu établir certains empêchements qui rompent le mariage, ou qu'elle a erré en les établissant : qu'il soit anathème.

V.

Si quelqu'un dit que le lien du mariage peut être rompu pour cause d'hérésie, de cohabitation fâcheuse ou d'absence affectée de l'une des parties : qu'il soit anathème.

VI.

Si quelqu'un dit que le mariage fait et non consommé n'est pas rompu par la profession solennelle

de religion faite par l'une des parties : qu'il soit anâ-
thème.

VII.

Si quelqu'un dit que l'Eglise est dans l'erreur
quand elle enseigne, comme elle a toujours enseigné,
suivant la doctrine de l'Evangile et des apôtres : que
le lien du mariage ne peut être dissous pour le péché
d'adultère de l'une des parties ; et que ni l'un, ni
l'autre, non pas même la partie innocente, qui n'a
point donné sujet à l'adultère, ne peut contracter
d'autre mariage pendant que l'autre partie est vivante ;
mais que le mari, qui, ayant quitté sa femme adultère, en épouse une autre, commet lui-même un adultère, ainsi que la femme, qui ayant quitté son mari
adultère, en épouserait un autre : qu'il soit anathème.

VIII.

Si quelqu'un dit que l'Eglise est dans l'erreur quand
elle déclare que, pour plusieurs causes, il se peut
faire séparation, quant à la couche et à la cohabitation, entre le mari et la femme, pour un temps déterminé : qu'il soit anathème.

IX.

Si quelqu'un dit que les ecclésiastiques qui sont
dans les ordres sacrés, ou les réguliers qui ont fait

profession solennelle de chasteté, peuvent contracter mariage, et que, l'ayant contracté, il est bon et valide, nonobstant la loi ecclésiastique ou le vœu qu'ils ont fait ; que de soutenir le contraire, ce n'est autre chose que condamner le mariage, et que tous ceux qui ne se sentent pas avoir le don de chasteté, encore qu'ils l'aient vouée, peuvent contracter mariage : qu'il soit anathème, puisque Dieu ne refuse point ce don à ceux qui le lui demandent comme il faut, et qu'il ne permet pas que nous soyons tentés au-dessus de nos forces. (I. Cor. 10.)

X.

Si quelqu'un dit que l'état du mariage doit être préféré à l'état de la virginité et du célibat, et que ce n'est pas quelque chose de meilleur et de plus heureux de demeurer dans la virginité ou dans le célibat que de se marier : qu'il soit anathème.

XI.

Si quelqu'un dit que la défense de la solennité des noces en certains temps de l'année est une superstition tyrannique qui tient de celle des païens, ou si quelqu'un condamne les bénédictions et les autres cérémonies que l'Eglise y pratique : qu'il soit anathème.

XII.

Si quelqu'un dit que les causes qui concernent le

mariage n'appartiennent pas aux juges ecclésiastiques : qu'il soit anathème.

Il y a lieu de signaler surtout les canons 5 et 7.

Canon 5e.» « Si quelqu'un dit qu'à cause de l'hérésie, ou d'une cohabitation fâcheuse, ou à cause de l'absence d'un des époux, le lien du mariage peut être dissous, qu'il soit anathème ».

Canon 7e. « Si quelqu'un dit que l'Eglise erre, quand elle a enseigné et enseigne, conformément à la doctrine de l'Evangile et des Apôtres, que le mariage ne peut être dissous par l'adultère de l'un des époux, qu'il soit anathème. »

On voit par là que le concile de Trente interprétant le Nouveau Testament par le verset 9 du chapitre X de l'Evangile de saint Marc, où il est dit : « que l'homme donc ne sépare pas ce que Dieu a joint, » décida que le vrai sens des saintes Ecritures est, que le lien du mariage est indissoluble, même en cas d'adultère. En conséquence le concile déclare anathème quiconque prétendrait que l'interprétation donnée par l'Eglise est fausse. Les termes dans lesquels cet anathème a été formulé sont cependant beaucoup plus tolérants que ceux que contenait le premier projet élaboré. Celui-ci fulminait l'excommunication contre quiconque donnerait un autre sens aux saints Evangiles.

La République de Venise intervint : elle avait grand intérêt à ce que l'opinion religieuse professée par la population de ses possessions en Grèce ne fût pas condamnée d'une façon aussi absolue. Elle obtint qu'on modifierait les expressions du décret en ce sens, que l'on n'anathématiserait plus que celui qui accuserait ouvertement d'erreur l'opinion du concile sur l'indissolubilité du mariage. (De Facqz, *Anc. dr.* B. I. 390 — Willequet, op. citat. p. 25.)

A partir du concile de Trente la séparation de corps fut le seul remède que les catholiques pussent porter à leurs infortunes conjugales. Toutefois le principe de l'indissolubilité du mariage admis par le concile n'était pas tellement absolu qu'il ne souffrît aucune exception. Dans l'intérêt de la religion il en fut, au contraire, formulé deux précises.

En outre, il est généralement admis que le Souverain Pontife peut, dans sa toute-puissance, prononcer la dissolution de tout mariage qui n'a pas été charnellement consommé. (Zoès, *ad decret.* IV. 19, n° 9. — Méan. *Obs.* 55. n° 9 *finé.*) La première des exceptions dont s'agit fut portée pour le cas où des deux époux non chrétiens l'un se ferait baptiser. Si l'autre conjoint refusait de cohabiter avec le nouveau chrétien, ou s'il mettait la foi nouvelle de celui-ci en péril, le mariage pouvait être dissous, et il l'était d'une manière absolue ; de sorte que le néophyte pouvait contracter un nouveau mariage. Cependant l'autre époux pouvait non seulement rendre le divorce impossible, mais même l'annuler en se faisant chrétien à son tour. Dans ce cas le mariage dissous était restauré, et cette conversion produisait cet effet à la seule condition qu'elle s'opérât avant que le conjoint divorcé ne se fût engagé dans un nouveau lien (*Décret.* IV. 19. c. 8. — de Facqz. *Ancien Droit.* B. I. c.)

La seconde exception au principe de l'indissolubilité radicale du mariage, admettait que l'entrée en religion de l'un des époux, fût-ce sans l'assentiment de l'autre, dissolvait l'union conjugale, pourvu toutefois que cette union n'eût pas été solennellement réalisée. (Nov. XXII. c. V); à cette condition le divorce était complet, l'autre époux était rendu à une entière liberté. Mais sans cette condition, qui n'était pas exigée dans l'exception précédente, la dissolution du mariage était impossible. Le conjoint ne pouvait dans ce cas, se retirer dans un couvent que du consentement de l'autre époux. Que si l'un d'eux avait sans ce consentement abandonné l'autre pour chercher un refuge dans un cloître, le conjoint délaissé avait le droit de contraindre l'autre à revenir cohabiter avec lui. Dès l'instant donc que le mariage avait été physiquement consommé, le mari et la femme pouvaient bien consentir à ce que l'un d'eux se retirât dans un couvent, mais le mariage continuait d'exister. (Willequet, op. citat. p. 26.)

Ces divorces exceptionnels produisaient des effets distincts : les lois 53 § 3 et 56 du code au livre 1. tit. III, et la novelle XII, c. V, réglaient les effets du divorce pour vœu monastique, qu'elles appelaient *divortium bona gratia.* Ces textes assimilaient cette dissolution à celle qui se ferait naturellement par la mort de l'un des conjoints. Les lois canoniques allèrent plus loin encore. D'après elles les conventions ante-nuptiales des époux étaient nulles *ipso jure*; chacun des époux devait rendre à l'autre ce qu'il en avait reçu. (de Facqz. *Ancien droit.* B. déc. III. 32, c. f. — Zy-pœus, *Cons. Can. III de conversatione conjugum*, 1, nº 6.) Dans le divorce prononcé pour cause de con-version d'un infidèle au christianisme, les enfants is-sus de l'union devaient être remis à l'époux chrétien. (Decret. III, 33, c. 2.)

En dehors de ces divorces, et indépendamment de la séparation de corps, qui est le divorce des catholiques comme on l'a dit plus tard, on avait trouvé un autre moyen de rendre la liberté aux époux. On ne rompait plus, il est vrai, le lien conjugal, cette dissolution étant réprouvée par le concile de Trente, mais on arrivait au même résultat en déclarant que le mariage n'avait jamais existé. Les empêchements dirimants étaient l'ingénieux circuit auquel on eut recours. (Willequet, op. citat, p. 27.) L'Eglise romaine les avait faits si nombreux, si variés, si étendus, qu'avec un peu de complaisance il était toujours possible, à l'arbitre du cas, de trouver quelques vices aux mœurs des époux qu'il voulait rendre libres. Aussi les princes dont Rome ménageait la puissance ou recherchait la faveur n'ont jamais, sauf quelques exceptions que nous indiquerons tout à l'heure, éprouvé de difficultés pour se dégager d'un mariage qui ne leur convenait plus. Seulement, au lieu de déclarer le mariage dissous, on le déclarait non valablement contracté, nul et non avenu, quoique la force de la vérité eût conservé à cette échappatoire le nom de sentence de divorce. (**De Facqz.** *Ancien Droit*, B. I. p. 390.)

Depuis le concile de Trente, la doctrine de la papauté n'a jamais varié et elle a eu l'occasion de s'affirmer une fois de plus à la suite de l'introduction du mariage civil dans la plupart des Etats.

D'après cette doctrine de l'Eglise, le mariage est un acte exclusivement religieux, mais produisant des effets juridiques; aussi l'Eglise refuse-t-elle au pouvoir temporel le droit d'en déterminer les conditions de validité, à plus forte raison les solennités qui le forment entre les parties; aux tribunaux civils elle conteste le droit de juger les questions de nullité de mariage; elle ne reconnaît au pouvoir temporel que le droit de régler les effets du mariage. Cette doctrine est très nettement résumée, dans la lettre du pape Pie IX, du 19 septembre 1852, à Victor Emmanuel : « que le pouvoir civil, écrivait le Saint-Père, dispose des effets civils qui dérivent du mariage, mais qu'il laisse l'Eglise régler la validité du mariage entre chrétiens, que la loi civile prenne pour point de départ la validité et l'invalidité du mariage comme l'Eglise le détermine et, partant de ce fait, qu'elle ne peut constituer (cela est hors de sa sphère), qu'elle en règle les effets civils. » (Glasson, op. citat. p. 218.) La dernière manifestation solennelle sur cette matière, celle du Syllabus en 1864, n'innove point; elle se borne à condamner les propositions qu'elle estime contraires aux dispositions canoniques. (Tissot, op. citat. p. 143.)

Tout dernièrement ces principes viennent d'être développés une fois de plus, dans une lettre encyclique du pape Léon XIII à la date du 10 février 1880. Après avoir rappelé les doctrines des anciens docteurs de l'Eglise sur le mariage, et son influence salutaire sur la société et la famille, le Saint-Père revendique les formes et les conditions du mariage à titre de sacrement. « C'est, dit-il, l'Eglise seule qui peut et qui doit décider et ordonner tout ce qui regarde les sacrements, à tel point qu'il est absurde de vouloir lui enlever une parcelle de ce pouvoir pour le transférer à la puissance civile. » (Glasson, op. citat. p. 219.) Mais le mariage ne constitue-t-il pas aussi un contrat civil? « Que personne ne se laisse émouvoir, continue l'encyclique, par la distinction ou séparation que les légistes régaliens proclament avec tant d'ardeur, entre le contrat de mariage et le sacrement, dans le but de réserver le sacrement à l'Eglise et de livrer le contrat au pouvoir et à l'arbitrage des princes. Cette distinction, qui est plutôt une séparation, ne peut, en effet, être admise, puisqu'il est reconnu que, dans le mariage chrétien, le contrat ne peut être séparé du sacrement, et que, par conséquent, il ne saurait y avoir dans le mariage de contrat vrai et légitime, sans qu'il y ait, par cela même, sacrement ». (Glasson, op. citat. p. 219.)

Ce n'est pas à dire que tout droit soit contesté à

l'Etat sur le mariage. « L'Eglise n'ignore pas non plus et ne méconnaît pas que le sacrement du mariage, qui a aussi pour but la conservation et l'accroissement de la société humaine, a des liens et des rapports nécessaires avec les intérêts humains. Ce sont là vraiment des conséquences du mariage, mais qui touchent aux matières civiles, et ces choses sont à bon droit de la compétence et du ressort de ceux qui sont à la tête de l'Etat. » Telles sont l'étendue et la limite des droits de l'Etat. L'Encyclique est ainsi amenée à condamner le mariage civil, mais pour en tirer d'ailleurs une conséquence qui peut et doit être admise par tous les catholiques, même par ceux qui croient à la nécessité du mariage civil, à cause de l'état actuel de notre société. « Il importe, dit l'Encyclique, que tout le monde sache que, si parmi les chrétiens quelque union a lieu entre un homme et une femme en dehors du sacrement, cette union n'a ni le caractère, ni la valeur d'un vrai mariage, et bien qu'elle puisse être conforme aux lois civiles, elle n'a cependant d'autre valeur que celle d'une cérémonie ou d'un usage introduit par le droit civil; or le droit civil ne peut qu'ordonner et régler les choses que le mariage entraîne avec soi dans l'ordre civil, et qui évidemment ne peuvent se produire si leur cause vraie et légitime, c'est-à-dire le lien nuptial, n'existe pas. » L'Eglise, et c'est son droit, ne reconnaît donc pas le mariage civil. (Glasson, op. citat. p. 220.)

L'Encyclique condamne une fois de plus le divorce

au nom de l'unité et de l'indissolubilité du mariage qui sont les caractères essentiels de ce sacrement.

« Il est, en vérité, à peine besoin de dire, porte encore l'Encyclique, tout ce que le divorce renferme de conséquences funestes. Par le divorce, les engagements du mariage deviennent mobiles, l'affection réciproque est affaiblie; l'infidélité reçoit des encouragements pernicieux; la protection et l'éducation des enfants sont compromises; il fournit l'occasion de dissoudre les unions domestiques; il sème des germes de discorde entre les familles; la dignité de la femme est amoindrie et abaissée, car elle court le danger d'être abandonnée après avoir servi à la passion de l'homme. » (Glasson, op. citat. p. 221.)

La doctrine du concile de Trente et de l'Encyclique est absolument contraire à la liberté et à l'indépendance de l'Etat, il est impossible de concilier avec la société moderne une doctrine qui, déjà à l'époque où la foi catholique régnait seule sur toute la France, froissait les rois et les peuples.

Deux révolutions se sont accomplies depuis le commencement des temps modernes. La Réforme qui a posé le principe de la liberté des religions, consacrée par le traité de Westphalie; la révolution de 1789 qui nous a donné la liberté de la conscience et de la pensée, qu'on approuve ou qu'on critique ces deux changements immenses, il faut les considérer comme des faits accomplis.

Les différents Etats l'ont bien compris, et ils n'ont

trouvé d'autre moyen, tout en respectant et recommandant l'union religieuse, que de créer à côté d'elle le mariage civil et en rétablissant le divorce tout en maintenant la séparation de corps.

L'Encyclique du mois de février 1880 a soulevé de très vives discussions.

On lui reproche, tout en reconnaissant que sa forme est sobre et modérée, d'attenter au principe de la liberté de conscience, au moment même où l'Eglise invoque en France ce principe pour défendre son enseignement. « Elle ne se contente pas, dit-on, de mettre l'Etat dans une subordination complète vis-à-vis de l'Eglise pour toute la juridiction matrimoniale; elle nous donne la théorie, la formule orthodoxe de la relation normale entre les deux pouvoirs. En argumentant comme il le fait, le pape se met tout aussi bien en dehors de la réalité du présent qu'en opposition avec le christianisme primitif. Il part toujours de la supposition que les nations modernes lui appartiennent, et qu'il y a, au dix-neuvième siècle, une chrétienté catholique, comme au moyen-âge, soumise à sa personne. Ce n'est que, dans cette illusion ou cette prétention qu'il peut puiser son droit d'imposer à l'Etat une législation matrimoniale conforme au dogme catholique, comme il réclame pour l'Eglise, le monopole et la direction de l'enseignement. Les minorités religieuses, ne comptant pas à ses yeux, n'ont pas de droit réel. Il l'a toujours pensé, mais il ne l'avait jamais dit d'une manière aussi précise, aussi claire que dans sa dernière Encyclique ». (de Pressensé, *Revue politique et littéraire*, n° du 28 fév. 1880.)

Parmi les défenseurs de l'Encyclique, les uns l'approuvent purement et simplement, et sans donner d'explications ; les autres essaient de la concilier avec la doctrine de la société moderne et de la liberté de conscience, en faisant remarquer que cette nouvelle déclaration du Saint-Siège, comme le Syllabus, suppose un état social idéal, c'est-à-dire entièrement composé de catholiques ; le pape n'a pas, en effet, à s'occuper des dissidents, ni à déterminer les règles auxquelles ils doivent être soumis. (Liberatore, *Chiesa e lo Stato*, p. 19, 20, 51, 52, 70, 74.)

Faisons connaître maintenant les doctrines de la religion protestante et de la religion grecque.

Luther, en secouant le joug de Rome, ne pouvait en conserver la discipline canonique. Aussi en brûla-t-il le recueil aux portes de Wittenberg. Mais comme il savait fort bien que brûler n'est pas répondre, il ne reconnut dans l'Ecriture et dans la réalité que deux sacrements : le baptême et la cène. Il renvoya les conventions matrimoniales au droit civil. Mélanchton ne pensa pas autrement, (Tissot, op. citat. p. 147), il ajoute que la séparation de corps, admise par le droit pontifical, est une dissolution illogique du mariage et une injustice dont on frappe l'époux innocent.

Le protestantisme a donc rendu l'œuvre du législateur bien plus facile à l'égard du mariage et du divorce, ses croyances se rapprochant beaucoup plus du droit naturel que celles des catholiques. Dès l'époque de la réforme, les protestants rétablirent donc le divorce, ils l'autorisaient, non seulement pour cause d'adultère de la femme, mais encore pour d'autres motifs. Et quoique ce qui a été déjà dit à cet égard laisse peu ou point de doute, nous achèverons de le prouver en donnant l'analyse rapide de quelques-uns des principaux ouvrages sortis des plumes protestantes sur le divorce.

Luther dit dans ses propos de table : « A mon avis les questions de mariage appartiennent aux juristes ; ne sont-ils pas appelés à légiférer et juger sur les droits du père, de la mère, des enfants ? Pourquoi ne s'occuperaient-ils pas aussi du divorce entre époux. » (Cpr. Samuel Mayer, op. citat., I, p. 393, note 20.) Quand César, par ses lois et ses ordonnances, dissout les mariages ce n'est pas un homme qui les dissout, c'est Dieu. (Luther, op. citat.)

De Bèze (*De repudiis et Divortio*) fonde sa doctrine en faveur du divorce sur saint Mathieu, v. 31. « Car, dit-il, si celui qui répudie sa femme pour toute autre raison que l'adultère la rend adultère, il suit de là que celui qui la renvoie pour cette raison et en épouse une autre ne la rend pas adultère, ou plutôt n'est pas responsable de la mauvaise conduite qu'elle peut tenir. Si l'on ne restitue de la sorte ce qui est sous-entendu, il y a contradiction dans les paroles de Jésus. » Si l'on oppose à de Bèze le *quod Deus conjunxit homo non separet*, il répond : «Le Seigneur a voulu que les mariages fussent dissous par l'adultère, et même que l'adultère fût puni

de la peine capitale. Plus tard, le Christ s'adressant
aux consciences à propos de divorces illicites et en
présence de l'incurie des magistrats, excepte le cas d'a-
dultère. »

De Bèze est d'avis que le conjoint adultère ne peut
valablement demander le divorce ; que sa demande ne
doit pas même être admise, que si les deux conjoints
en sont également coupables, ils n'ont rien de mieux
à faire qu'à se pardonner mutuellement. Il est d'avis
que si l'un des époux abandonne l'autre, celui-ci peut
contracter un nouveau mariage. Mais, et ceci contrairement à Luther, sans regarder le mariage comme un
sacrement, il n'y voit pas un contrat qui ne soit que
l'expression de la seule volonté des deux parties, c'est-
à-dire un contrat purement civil, il y trouve quelque
chose de divin et il ne croit pas que le mariage puisse
se dissoudre par consentement mutuel. Otton (*Obser-
vationes ad Pufend*, I. 2, *De offic. hom. ac civ.*) pense
que tout ce qui est de nature à mettre un obstacle invincible ou perpétuel à l'une des trois principales fins
du mariage : l'assistance mutuelle, la procréation d'enfants, la satisfaction du besoin qui a pour but la pro-
pagation de l'espèce, peut être une raison de dissoudre
le mariage.

J. Fr. Kaeyser, (*De Jure principis evangelici circa di-
vortia*) définit le divorce de droit naturel, en ce sens
négatif au moins qu'il n'est ni prescrit ni défendu
naturellement, qu'il est par conséquent facultatif. Suivant lui, la doctrine évangélique n'a pas le caractère

d'une loi universelle, dans l'hypothèse contraire le divorce n'y est pas défendu, d'ailleurs, ajoute-t-il, le mariage ressort uniquement de l'autorité civile. Se demandant ensuite quelles sont les causes légitimes de divorce, il en distingue de deux sortes suivant qu'elles sont les unes plus graves et les autres moins. Les plus graves qui ne souffrent pas de difficultés, sont: l'adultère, l'abandon intentionnel, le refus opiniâtre du devoir conjugal, des tentatives d'uxoricide, l'avortement volontaire, l'exil ou le bannissement perpétuel. A ces six causes il en ajoute cinq autres : l'incompatibilité d'humeur, l'impiété, une haine implacable, une maladie honteuse, enfin une stérilité incurable.

Hub. Jacobson (*De divortiis*, Utrecht 1810) pense qu'il y a divorce possible toutes les fois que l'une des fins principales du mariage ne peut être remplie. Il voit dans tout contrat de mariage une condition tacite au moins, c'est que les conjoints tiendront la parole donnée.

Krug (*Philosophie du mariage*) pense qu'une trop grande sévérité dans le refus du divorce de la part de l'Etat est plus nuisible qu'utile à la société civile. Il remarque avec raison que cette sévérité n'aboutit qu'à rendre les caractères hypocrites et les mœurs plus licencieuses.

C. F. Brœunig (op. citat.) dit que le pouvoir civil aussi est d'institution divine, qu'il n'y a pas lieu de lui opposer la révélation. Deux époux ne sont pas une seule chair, mais chacun d'eux a sa voie. Dans le principe leurs cœurs n'ont pas été faits l'un pour l'autre et c'est pour cette raison qu'ils se détournent l'un de l'autre. Dieu ne les a pas unis ; leur union est leur œuvre à eux. Or ce que Dieu n'a pas uni ne peut tenir. Et ce que les hommes ont uni, un tribunal humain peut le désunir.

L'Eglise grecque voit dans le mariage à la fois un contrat civil et un sacrement ; le premier est la base du second. D'ailleurs, le lien du mariage peut être dissous ; on en est resté à la loi de Justinien sur le divorce. L'empereur Léon III l'Isaurien (740), en se fondant sur les saintes Ecritures, a, sans doute, ramené les causes de divorce à quatre, (Zhishman, dans *Therecht der orient. Kirche*, Vienne, 1863. p. 105.), mais les Basiliques ont ensuite remis en vigueur les dispositions de Justinien. (Basiliques, lib. 28, tit. 7, *De repudiis*, c. 7.)

CHAPITRE DOUZIÈME

§ 1er. *Ancien droit français.*

Dans les Gaules, les chrétiens pratiquèrent la loi du divorce sous la domination romaine ; plus tard, après l'invasion des Francs, ils continuèrent à jouir du bénéfice de cette loi morale. Le divorce a été pratiqué en France sous les rois de la première, de la seconde et même de la troisième race.

L'histoire nous apprend que Basine quitta le roi de Thuringe pour suivre Childéric qui l'épousa ; Caribert, roi de Paris, répudia sa femme légitime.

Charles Martel répudia Gertrude pour épouser Alpaïde, sans que l'histoire nous ait conservé les motifs de cette répudiation.

Non seulement les premiers rois francs usèrent du divorce, mais encore ils eurent un grand nombre de femmes. « Les mariages étaient moins un témoignage d'incontinence qu'un attribut de dignité. C'eût été blesser ces rois dans un endroit bien tendre que de leur faire perdre une telle prérogative.» (Montesquieu, *Esprit des lois*, liv. 18. ch. 24.)

Théodebert, roi de Metz (*Art de vérifier les dates*), avait épousé du vivant de son père, Wisigarde, qu'il répudia en l'an 535, pour prendre Densérie, dame de Cabrières en Auvergne : il se sépara d'elle ensuite en 542, pour reprendre sa première femme, et rétracta par là son divorce.

Chilpéric répudia Andovère en 564, et se remaria trois ans après à Galasninte ; mais on ne sait pas si Andovère mourut entre l'époque de sa répudiation et celle du second mariage de Chilpéric : ce qu'il serait nécessaire de savoir pour établir la preuve d'un véritable divorce. Gontran, roi d'Orléans ayant répudié la reine sa femme, pour en épouser une autre, fut excommunié. L'histoire reproche à ce prince de grandes fautes, dont il fit pénitence les dernières années de sa vie. L'Eglise ne l'a pas mis au rang des saints ; ce titre ne lui est donné que dans quelques lieux. Dagobert répudia Gomatrude, sous prétexte de stérilité.

Charlemagne, dont la mémoire et le génie recueillent plus que jamais des hommages, Charlemagne le conquérant de l'Europe et le premier législateur des Français, est mis au rang de ceux qui ont pratiqué le divorce. Il eut, dit-on, cinq femmes. (Eginhart, *Vit. Car. Mag. Gest. Franc.*)

1° Himiltrude, qui ne fut que sa maîtresse.

2° Hermengarde, fille de Didier, roi des Lombards, qu'il répudia un an après son mariage,

3° Hildegarde, morte après deux ans de mariage,

4° Fastrade, morte l'an 794,

5° Lieutgarde, morte en 800.

Charlemagne fit-il réellement divorce avec Himiltrude et avec Hermengarde ? Voilà la question. Quant à Himiltrude, il faut d'abord observer qu'elle n'était que sa maîtresse ; ainsi Charlemagne put légitimement épouser Hermengarde, fille du roi des Lombards, sans qu'il y eut divorce avec Himiltrude. Certains historiens infèrent d'une lettre du pape Etienne III à Charlemagne, qu'il était déjà marié, et ne pouvait épouser Hermengarde. La lettre d'Etienne III à ce prince, ne paraît nullement décider qu'il fût déjà marié : le pape se borne à le dissuader de prendre une femme chez les Lombards, peuple corrompu, infecté de la lèpre ; et il l'invite à choisir plutôt une épouse dans la nation des Francs. Le nom d'Himiltrude n'est pas même prononcé dans sa lettre : et si elle eût été la femme de Charles, la reine des Francs, le pape n'eût pas ignoré son nom, ou n'eût pas hésité à la nommer.

D'ailleurs Eginhart, chancelier de Charlemagne et son historiographe, n'en dit pas un mot, et tous les historiens de la vie de ce prince, gardent le même silence. Il faut donc croire qu'Himiltrude n'eut jamais le titre de femme de Charlemagne, et ne fut que sa maîtresse. L'on pourrait peut-être même contester l'existence de cette Himiltrude, dont la plupart des contemporains ne parlent point. Ainsi Charlemagne put légitimement épouser Hermengarde.

Quant à la répudiation d'Hermengarde, Eginhart dit qu'il ignore pourquoi Charlemagne la renvoya. Un écrivain (Monachus Sancti Galli, liv. 2, cap. 26. Ekard. Francia orient. t. 1) de ce temps-là, moins politique que le chancelier Eginhart, nous apprend qu'Hermengarde était incapable d'avoir des enfants.

Or cette incapacité rendait le divorce légitime, et Charlemagne a pu passer à un nouveau mariage.

Ce prince défendit le divorce dans ses Capitulaires (Capit. t. 1. I, 7, p. 1042). « Que personne, dit-il, ne se marie à un homme ou une femme déjà engagés dans le lien du mariage, quand leur conjoint vit encore ». Et dans un autre endroit « qui interveniente repudio, alio se matrimonio copularunt, quos in utraque parte adulteros esse manifestum est ». (Capit. t. I, 1. 26). « Ceux qui, après s'être séparés, contractent un nouveau mariage, sont évidemment l'un et l'autre adultères. » Comment donc penser que Charlemagne se permit deux divorces, lui qui le condamne si ouvertement dans ses lois ?

Un des plus curieux spectacles du neuvième siècle fut le procès de Lothaire, roi de Lorraine, avec Thietberge, sa femme.

Ce prince, descendant de Charlemagne, sentait pour Waldrade un de ces penchants auxquels on sacrifie tout ; il voulait néanmoins le légitimer par le mariage, et la reine Thietberge, sa femme, y mettait obstacle.

Il commença par l'accuser d'inceste, à un premier concile tenu à Aix-la-Chapelle en 860 (Labbe, t. X). Thietberge avoue cet inceste; le concile la condamne à être enfermée dans un couvent, dont elle s'échappe.

Un second concile tenu à Aix-la-Chapelle en 862 et composé de prélats des états de Lothaire, croyant, quoique sans fondement, qu'un inceste antérieur au mariage rendait incapable d'en contracter jamais, casse le mariage de Lothaire et de Thietberge. Le prince, à l'instant, répudie Thietberge, et épouse Waldrade. Le pape Nicolas Ier, sur les plaintes de Thietberge, envoie deux légats, qui assemblent à Metz un troisième concile en 863. Lothaire, outre le reproche d'inceste, prétend que son mariage avec Waldrade a précédé celui avec Thietberge. Le concile, ou séduit, ou trop faible, confirme de nouveau la nullité du mariage de Lothaire avec Thietberge.

Nicolas évoque à lui cette affaire, et dans un concile tenu à Rome en 863, il fait casser les décisions des conciles d'Aix-la-Chapelle et de Metz, confirme la validité du mariage de Lothaire et de Thietberge, lui ordonne de se séparer de Waldrade ; et comme leur commerce continuait, il les excommunie. Lothaire se soumet, et reprend Thietberge. Nicolas meurt; le pape Adrien lui succède. Lothaire vole à Rome, sollicite son absolution, qui lui est accordée, et demande la permission de reprendre Waldrade, Adrien s'y refuse, mais lui promet la convocation prochaine d'un concile, pour juger son affaire en dernier ressort. Lothaire

retournait dans ses états, quand il mourut à Plaisance.
La question ne fut jamais définitivement tranchée.

Louis VII, roi de France, avait emmené avec lui
en Orient (1147) sa femme Eléonore d'Aquitaine, dont
il avait eu deux enfants. Il crut avoir à se plaindre
d'elle, comme la plupart des nobles français qui ayant
emmené leurs femmes avec eux eurent, du reste, à se
plaindre de la conduite de ces dames. Saladin produi-
sit la plus grande impression sur Eléonore, et des
amours plus qu'hérétiques s'établirent entre les autres
dames françaises et ces mécréants de Turcs. Toujours
est-il que, de retour en France, Louis VII demanda le
divorce et l'obtint du pape Eugène III, en 1152, toujours sous le nom de nullité *à cause d'une parenté
prohibée et incestueuse*, consistant en ce que Hugues
Capet, grand-père de Louis VII, avait épousé une sœur
de Guilhem Fierabras, trisaïeul d'Eléonore. Eléonore
après toutes sortes d'aventures, se maria de nouveau
avec le jeune souverain de la Normandie et de l'Anjou,
Henri Plantagenet, qui avait, d'ailleurs, quinze ou seize
ans de moins qu'elle, et Louis VII épousa de son côté,
Constance, fille d'Alphonse VII, roi de Castille et de
Léon. (Alexandre Dumas, *Question du Divorce*.)

Ce combat, ce duel de plusieurs siècles entre l'Eglise
et la société se trouvent résumés avec toutes leurs dramatiques alternatives dans l'histoire de Philippe-Auguste et d'Agnès de Méranie. (Legouvé, *Histoire morale des femmes*, p. 220.) Rien de plus touchant non
pas qu'Agnès, mais qu'Ingeburge, la première et la

véritable épouse ; rien de plus cruel que Philippe ; rien de plus noble qu'Innocent III. Ce n'est pas une femme, un mari, un prêtre ; c'est l'épouse, l'époux et le civilisateur.

Ingeburge était jeune, belle, fille de roi ; si élégante qu'on la comparait à Diane ; si pure qu'on l'assimilait à Marie. Philippe-Auguste la veut pour femme. Le roi de Danemarck, frère d'Ingeburge la lui accorde. (*Bibliothèque de l'Ecole des Chartes.* Mémoire de M. Hercule Géraud.)

Elle arrive précédée de sa renommée, et la dépassant encore. Philippe la reçoit à Amiens, la passion brille sur son visage ; le jour du sacre est fixé, la cathédrale d'Amiens reçoit bientôt les royaux fiancés. Tout à coup, au milieu de la cérémonie, la figure du roi s'altère, il pâlit ; il détourne les yeux de la belle Ingeburge : ce qui se passe dans l'âme violente de ce demi-barbare, personne ne peut le dire ; mais il trouve repoussant ce qui lui semblait splendide de beauté ; il abhorre ce qu'il adorait ; Ingeburge lui apparaît comme un monstre. Le soir, la chambre nuptiale s'ouvre ; l'heure de minuit venue, Philippe y pénètre ; puis un moment après il en sort, et jure qu'il ne sera jamais le mari de cette femme ; que Satan est entre elle et lui. De là à un divorce il n'y a qu'un pas ; il le demande, il l'appelle, et avec ce mélange d'impétuosité sans frein et d'astuce patiente propre à ces races barbares, il prépare tout pour cette répudiation. Un prétexte est bientôt trouvé : Ingeburge est sa parente, on dresse un arbre généalogique qui le prouve; on choisit des évêques qui le déclarent; et, trois mois après cette union, un concile s'assemble pour la rompre. La triste fille du Nord y paraît; elle est seule; pas un de ses parents autour d'elle, pas un conseil; elle ignore même la langue de la France, et, pendant plusieurs heures, elle suit, pleine d'angoisses, sur la physionomie du roi, dans les regards des prélats, et, comme à la trace du bruit de son nom qui se prononce parfois, ce drame où sa vie est engagée. Enfin la décision est rendue, et cette décision, c'est le divorce; on le communique par un interprète à Ingeburge. Alors se levant et éperdue de douleur, elle s'écrie avec un accent inimitable: « *Mala Francia! mala Francia!* » Cette apostrophe inattendue, l'emploi même de cette langue étrangère qui peignait si vivement sa détresse et son impossibilité de se défendre, firent reculer les juges devant leur sentence; mais Philippe la força de signer. Que fait Ingeburge? Elle ajoute un cri plus pénétrant encore à son premier cri, et se retournant, pour ainsi dire vers un sauveur absent, mais assuré : « *Roma! Roma!* » dit-elle. Rome répond, Philippe ne fléchit pas. Il avait chassé sa femme de son lit, il la jette dans un couvent ou plutôt dans une prison. Le Danemarck la réclame, il la refuse; le Saint-Siège la défend, il le brave. Il épouse solennellement une autre femme, Agnès de Méranie, et cependant l'épouse légitime, la reine légitime, une fille de roi, qui avait apporté en dot la valeur d'une province, meurt de faim dans sa retraite, forcée, pour vivre, de vendre ses habits, ses meubles, plus encore, d'accepter des aumônes d'un de ses juges que le remords pressait. Est-ce tout? non. Le pape Innocent ayant enfin cassé le divorce et provoqué une enquête sur la prétendue parenté des deux époux, Philippe renonce à ce moyen, il parle de maléfice ; il n'a pas honte d'en appeler à Ingeburge, elle-même pour attester que jamais elle n'a été sa femme. Et voilà cette pieuse créature obligée de jurer solennellement devant deux archevêques que Philippe est entré dans son lit; il faut qu'elle dise le jour et l'heure, qu'elle raconte les circonstances, qu'elle donne les preuves; il faut enfin que l'épouse ouvre elle-même la chambre nuptiale aux regards de toute l'Europe ! Philippe, voyant encore cette ressource lui échapper, en invente une autre. C'est d'Ingeburge elle-même que partira la demande du divorce; c'est elle qui le voudra, qui l'implorera. Alors commence contre la triste prisonnière tout un ensemble systématique de tortures morales et physiques, pour la pousser à cette demande : sa nourriture est irrégulière et insuffisante ; elle tombe malade, on lui refuse le médecin; il pénètre jusqu'à elle, on refuse de suivre ses ordonnances; la captive recevait d'Innocent des lettres consolatrices, elles sont toutes interceptées ; les envoyés de son frère, ses compatriotes, sont exclus de sa présence. Séparée des hommes, on l'isole de Dieu même, on lui compte les jours où elle peut entendre la messe, on lui interdit absolument les instructions religieuses, les offices et même la confession (retirer la confession à cette âme éperdue, c'était lui faire craindre la damnation); aucun être vivant n'approche d'elle, que des hommes stipendiés qui l'accablent d'injures, lui reprochent le malheur de la France frappée d'interdit à cause d'elle, et l'accusent, en termes blessants, du dégoût de Philippe pour sa personne.

D'abord, dans son désespoir, elle s'écrie en s'adressant au pape : « Mon père, mon père, je meurs tous les jours dans mon corps et dans mon âme. (Innocent. *Epist*. III, 16, 17, 18, 19; XIX, 85, 86, 132 et *passim*.) Oh! qu'elle me paraîtrait bonne, douce, sacrée, à moi, malheureuse femme désolée et rejetée de tous, cette mort unique qui m'arracherait aux tourments de mille morts que j'endure! » Mais bientôt reprenant courage : « Mon père, je vous attendrai! Ne tenez compte d'aucun des aveux que les menaces m'arracheront; ne croyez à aucun des serments que la violence m'extorquerait; ma bouche pourra céder, mon corps pourra fléchir, mais mon âme, jamais! Je suis épouse légitime, je mourrai épouse légitime, heureuse de mourir pour le soutien du saint sacrement du mariage. » (Legouvé. op. citat. p. 223.)

Innocent III se montra digne de sa mission. (Innocent. *Epist*. t. III et VI.) Il ne laissa pas à Philippe-Auguste un moment de trève. « Vous êtes tout-puissant, lui écrit-il, mais quelle que soit la confiance que vous inspire votre pouvoir, vous ne sauriez tenir, nous ne disons pas en notre présence, mais devant la face de Dieu, dont nous sommes quoique indigne, le représentant sur la terre. Notre cause est celle de la justice: nous marcherons dans cette route royale sans incliner à droite, sans dévier à gauche, sans nous laisser détourner, ni par les prières, ni par les présents, ni par l'amour, ni par la haine. » Philippe-Auguste allègue la parenté et la difficulté de la prouver; (*Bibliothèque de l'Ecole des Chartes.* Mémoire de M. Hercule Géraud.) Innocent propose d'envoyer à ses frais des hommes de loi en Danemarck pour examiner ce point. Philippe-Auguste allègue le maléfice; Innocent propose une assemblée d'hommes de l'art et de la religion pour le juger. Philippe-Auguste parle de la difficulté de trouver un lieu convenable pour le concile; Innocent propose, soit Etampes où est la reine, soit Paris où est le roi, soit Rome où il est lui; mais à la condition que toujours et partout Ingeburge aura ses avocats et ses témoins. Pendant quinze années, l'œil et l'oreille tournés vers la France, il n'entend pas un cri de la victime qu'il n'en demande compte au bourreau : « Etes-vous un roi ou un meurtrier? A qui espérez-vous faire croire que vous ne pouvez vous dispenser de traiter comme une vile esclave, une princesse illustre, d'origine et d'âme royales, et de laisser s'éteindre dans la misère une femme dont la dot est encore tout entière dans votre trésor? Ne craignez-vous pas qu'on ne vous accuse d'avoir de longue main préparé cette mort; qu'on ne vous considère comme le meurtrier de la moitié de vous-même, et dès lors vous voilà retranché de la communion des fidèles et inhabile à contracter de nouveaux nœuds? »

Cette lutte dura quinze ans et pendant quinze ans, ni l'énergie d'Innocent, ni la fierté d'Ingeburge, ni la cruauté de Philippe, ne fléchirent, et il fallut que l'interdit fût jeté sur la France pour que la justice triomphât. (Legouvé. op. citat. p. 225.) Philippe-Auguste, isolé au milieu de ses sujets, abandonné par tous, fut obligé d'éloigner Agnès de Méranie, qui mourut peu après de douleur et de honte.

Quelquefois la Cour de Rome autorisa des souverains à se séparer de leurs femmes légitimes et à contracter de nouvelles unions; mais alors ce n'était point à proprement parler, un divorce que l'Eglise autorisait; c'était une nullité de mariage qu'elle reconnaissait.

Le pape Alexandre VI vendit à Louis XII, roi de France, la permission de répudier sa femme, Jeanne de France, fille de Louis XI et sœur de Charles VIII, « encore qu'ils eussent été assez longtemps mariés et couchés ensemble, » dit Brantôme (vingt ans.) Le roi obtint ensuite de ce pape la permission d'épouser Anne de Bretagne, veuve de Charles VIII et sa maîtresse depuis plusieurs années. Il est vrai que Louis XII paraît n'avoir jamais connu, ni touché Jeanne de Valois sa femme. « Mais, ajoute Brantôme, tels sacrements, certes sont fort frauduleux et suspects à la croyance ».

Cette complaisance valut à César Borgia (fils du pape Alexandre VI), alors cardinal sans douaire, de grands avantages en France et la promesse de plusieurs Etats, que Louis XII, dit le père du peuple, s'engagea à conquérir pour lui en Italie, au prix de la vie d'un bon nombre de ses sujets. La bulle de dispense fut remise à Louis XII par ce même César Borgia, lequel quitta les ordres sacrés à l'occasion du mariage de Louis XII, et commença sous le nom de duc de Valentinois, titre qui lui fut donné par le roi de France, une carrière politique qu'il a rendue à jamais exécrable par ses trahisons et ses crimes.

Enfin, Henri IV, roi de France, avec l'assentiment du pape, répudia Marguerite de Valois après vingt-sept ans de mariage. La vraie raison du divorce fut la mauvaise conduite poussée jusqu'au scandale de la reine ; mais le motif invoqué fut un lien de parenté au troisième degré entre les deux époux. Il y avait bien eu une dispense accordée, mais on trouva le moyen d'invalider cette dispense, parce qu'elle n'avait pas été reconnue par l'évêque et le curé ordinaire des conjoints comme l'exige le concile de Trente, bien que les dispositions disciplinaires de ce concile ne fussent point reçues par l'Eglise gallicane. Un autre motif du divorce demandé était l'alliance spirituelle de Henri II, père de Marguerite, avec Henri IV, qu'il avait tenu sur les fonts baptismaux. Or ce motif n'était plus un empêchement de mariage depuis le concile de Trente. Dans ce second cas, on eut soin de se servir de l'exception rejetée plus haut, à savoir que la discipline du concile ne faisait pas autorité en France, ce qui est vrai. Ainsi pour donner couleur au divorce de Henri IV, on accepta l'autorité du concile de Trente dans un cas, et on la repoussa dans l'autre. Henri IV divorça et il épousa Marie de Médicis ; Marguerite de Valois fut même obligée d'assister au couronnement et au sacre de sa rivale.

L'Eglise étant parvenue de très bonne heure à s'emparer du mariage, ce sont en réalité les dispositions du droit canonique qui, en France comme en Allemagne, nous donnent le plus de renseignements sur cette institution. En vain chercherait-on des documents dans nos anciennes coutumes : elles gardent un silence complet, toutes les questions qui se rattachaient au mariage étant de compétence exclusive des juridictions ecclésiastiques. C'est seulement à partir du XVIe siècle que l'autorité royale, pour affirmer son droit de réglementer le mariage, menacé par le concile de Trente, promulgua d'assez nombreuses ordonnances, soit pour s'approprier les principes du droit canonique, soit pour les exclure. (Glasson. op. citat. p. 228.) Dans ces ordonnances expliquées ou complétées par le droit canonique, se trouvent indiquées les conditions requises pour la validité du mariage.

Ces ordonnances sont une ordonnance du roi Henri II publiée en 1579, connue sous le nom d'ordonnance de Blois et qui avait été discutée aux Etats Généraux de 1576. Viennent ensuite un édit de Henri IV, de décembre 1606 ; une ordonnance de 1639 de Louis XIII ; un édit de mars 1696 de Louis XIV ; un arrêt de règlement rendu pour la province d'Artois le 23 avril 1707, enfin une déclaration du roi Louis XV du 9 avril 1736.

La séparation de corps, qui ne dissout pas le mariage et ne permet que l'éloignement des époux, fut en France, le seul remède admis par l'ancien droit aux unions mal assorties, et telle était la sévérité de la loi, en cette matière, qu'elle ne souffrit jamais qu'il y fût porté atteinte, même par les protestants ou les juifs auxquels leurs lois religieuses le permettaient pourtant.

En voici un exemple rapporté dans le « *Journal de Jurisprudence* » de Lebrun : « Le sieur Gautier et la femme Jacquette Pousceau, tous deux protestants, avaient contracté mariage. Plus tard, ne pouvant mutuellement se supporter, ils divorcèrent conformément à leur dogme religieux. Ils vécurent donc chacun de son côté, et contractèrent de nouveau mariage. Le gouverneur de la Rochelle, ayant appris ces faits, les fit appréhender et les condamna à être exposés pendant deux heures devant le Palais, attachés chacun à un collier, l'homme avec deux quenouilles, la femme avec deux chapeaux, après quoi il leur fut enjoint de s'en retourner ensemble et défendu de se remarier, sous peine de la vie. »

Le divorce n'était donc pas admis en France d'une façon définitive et sans pouvoir préciser exactement la date, tout au moins depuis le concile de Trente ; mais suivant la doctrine consacrée par le concile de Trente, chaque époux était autorisé à rompre par sa seule volonté le mariage non consommé, à la condition de renoncer à la vie civile, et de se retirer dans un couvent. La seconde cause de dissolution du mariage non consommé, le vœu fait par l'un des époux de vivre à l'avenir dans une continence absolue, sans sortir du monde, n'était plus reconnue. L'entrée dans les ordres n'aurait pas permis de dissoudre le mariage, même non consommé, parce qu'elle n'entraînait pas, comme la vie religieuse, entière renonciation au siècle ; si un homme marié s'était fait prêtre, il aurait été renvoyé des ordres à sa femme, (Glasson, *Traité sur le consentement du mariage.* p. 89.) On discutait sur la question de savoir si l'infidèle comme le juif converti au christianisme pouvait rompre le lien du mariage qu'il avait contracté dans l'infidélité. (Pothier, *du Contrat de mariage*, n° 498.)

La séparation de corps, que Pothier appelle la séparation d'habitation était seule autorisée. Dans aucun cas la séparation par consentement mutuel n'était permise. Les causes de séparation de corps n'étaient point déterminées et limitées comme elles le sont aujourd'hui ; elles étaient laissées à l'appréciation du juge. (Pothier, op. citat. n° 507 ; Denisart, *Collection de décisions nouvelles.* V°. *Séparation.* Coutumes du Berry, tit. Ier, art. 49 ; coutumes d'Orléans, art. 198 ; Duplessis, sur la coutume de Paris. *De la communauté*, liv. II. chap. II ; Louet, *Recueil d'arrêts*, lettre S, n° 16 ; Charondas, *OEuvres*, Paris, 1637.)

Cependant il s'était formé sur la question une doctrine à peu près fixe.

La femme pouvait demander sa séparation contre son mari pour cause d'excès, sévices et injures graves ; mais l'adultère du mari n'était pas considéré comme un fait assez criminel pour autoriser sa femme à se séparer, même si le mari avait entretenu sa concubine au domicile conjugal. (Ferrière sur l'art. 224 de la *Coutume de Paris*, tit. X. — Arrêt du Parlement de Paris du 7 avril 1756.)

Au contraire, l'adultère de la femme autorisait le mari à demander la séparation d'habitation. « La raison de différence est évidente, dit Pothier (*Du contrat de mariage*, n° 516) ; l'adultère que commet la femme est infiniment plus contraire au bon ordre de la société civile, puisqu'il tend à dépouiller la famille et à en faire passer les biens à des enfants adultérins qui y sont étrangers ; au lieu que l'adultère commis par le mari, quoique très criminel en soi, est, à cet égard, sans conséquence. Ajoutez qu'il n'appartient pas à la femme qui est un être inférieur, d'avoir aucune inspection sur la conduite de son mari qui est son supérieur. Elle doit présumer qu'il lui est fidèle, et la jalousie ne doit pas la porter à faire des recherches de sa conduite. » Les excès et sévices de la femme n'obligeaient pas le mari à demander la séparation d'habitation qui aurait entraîné séparation de biens ; il pouvait s'adresser à l'autorité pour faire emprisonner sa femme. « La justice, dit Denisart, (*Séparation d'habitation*) doit écouter les plaintes des maris qui se trouvent dans cette malheureuse position, et doit, selon moi, ordonner la réclusion des femmes qui se sont portées à certains excès envers leurs maris. Ce ne serait pas assez d'ordonner qu'une femme convaincue de voies de fait et d'avoir été le tyran de son mari sera renfermée dans un couvent ; une infinité de femmes qui ont passé leurs jours dans les exercices de la vertu (mais qui s'en écartent en cette partie et deviennent le supplice de leurs époux) font leurs délices d'une pareille retraite ; et ce serait plutôt les récompenser que les punir ; en leur imposant une pareille obligation, on doit les frapper par des endroits plus sensibles. »

On mettait parmi les causes de séparation le refus du mari d'exécuter la sentence qui le condamnait à fournir des aliments à sa femme dans le besoin, ainsi que l'accusation d'un crime capital intentée calomnieusement par le mari. Mais les maladies les plus terribles, les difformités, la folie, n'autorisaient jamais les époux à se séparer. (Glasson, op. citat. p. 250.)

Le chapitre *Quæsivit, ext. de divort.* rapportait que la séparation d'habitation pouvait encore être demandée quand le mari avait fait profession ouverte d'hérésie, à cause du danger que la femme courait d'être pervertie. Mais, comme le fait remarquer Pothier, cette décrétale ne pouvait plus recevoir d'application en France depuis qu'il n'y était plus reconnu qu'une seule religion. (Pothier, op. citat. n° 513.)

La procédure de la séparation de corps présentait
une analogie considérable avec celle qui existe encore
aujourd'hui. Pothier le relate dans son *Traité du contrat de mariage*, ch. 2, § 2, et l'on peut voir, en se
reportant à cet auteur, que nos codes n'ont pour ainsi
dire rien innové sur ce point. (Vraye et Godde, *Le divorce*, p. 9.)

La séparation d'habitation avait pour effet de dé-
charger la femme de l'obligation qu'elle avait contractée par le mariage d'habiter avec son mari et de
lui rendre le devoir conjugal ; la femme pouvait donc
se choisir un domicile distinct à son gré. Elle n'avait
pas pour effet de rompre le lien du mariage, elle le
relâchait seulement. Le mari conservait encore quelques restes de son autorité maritale et la femme était
tenue de recourir à son autorisation pour les actes
autres que ceux d'administration de ses biens.

La séparation de corps emportait toujours celle de
biens ; la femme devenait libre d'administrer sa fortune.

Lorsque la séparation était prononcée pour cause d'a-
dultère de la femme, celle-ci encourait la peine de deux
ans de réclusion dans un monastère. Passé ce délai,
si le mari ne consentait pas à la reprendre, elle était
rasée et obligée de finir ses jours dans le couvent. On
la déclarait en outre, déchue de sa dot, de son douaire
et de ses conventions matrimoniales. Mais après la mort
de son mari, la femme condamnée à la réclusion à perpétuité dans un monastère pouvait sortir, si elle trou-

vait à se remarier. Lorsque la séparation était prononcée contre le mari, la garde des enfants était confiée à la mère, qui était libre de rétablir à son·gré, la vie commune et, par suite, la communauté de biens. (Pothier, op. citat. n° 506 et suiv.; Denisart, V° *Séparation entre mari et femme*; Ferrière V° *Séparation*; Journal des audiences, t. IV, arrêt du 29 janvier 1624). Déjà dans notre ancien droit, les séparations d'habitation étaient vues avec beaucoup de défaveur et les tribunaux ne les accordaient qu'à la dernière extrémité. Jusqu'au xviii° siècle, les juges ecclésiastiques connurent toutes les questions relatives au mariage. Une première réforme leur enleva la connaissance des questions relatives aux biens des époux, puis la compétence civile finit même par être admise exclusivement en matière de séparation d'habitation, conformément à l'avis de Dumoulin et de Baquet. Si parfois les juges d'église voulurent intervenir de nouveau, les parlements déclarèrent qu'il y avait abus. Le journal des audiences rapporte un arrêt du Parlement de Paris, rendu en 1663, et qui déclare : qu'il a été nullement et abusivement procédé par l'official de Châlons dans une demande en séparation de corps, la séparation de corps et de biens ne se jugeant que par les juges royaux et non point par les juges ecclésiastiques, ainsi que l'avait dit M. l'avocat général Bignon dans ses conclusions conformes. (Depeyre, op. citat. p. 70.)

Mais les juges d'église restèrent seuls compétents en matière de nullité de mariage parce que le lien conjugal se formant uniquement devant l'Eglise, l'Eglise seule pouvait prononcer sur sa validité. (Pothier, *Contrat de mariage*.) Tels étaient les principes que la doctrine et la jurisprudence avaient fait prévaloir en matière de séparation de corps.

Tandis qu'en France ces règles, qui avaient pour première base l'indissolubilité du lien conjugal, recevaient de siècle en siècle de nouveaux développements, le divorce rentrait, ainsi que nous l'avons vu plus haut, à l'avénement de la Réforme, dans le monde moderne. L'Eglise opposa à l'introduction du divorce une résistance que rien ne put désarmer. Elle préféra subir le schisme de Henri VIII d'Angleterre plutôt que de légitimer ses adultères. Au reste, au sein même du protestantisme, ce principe trouva d'éloquents défenseurs, et dans ses *Essais moraux et politiques*, David Hume n'hésita pas à combattre la théorie du divorce. (David Hume, *OEuvres complètes*, t. VI.)

Mais tous les philosophes du xviiie siècle ne pensèrent pas comme lui. Montesquieu écrivait dans *l'Esprit des lois* (liv. XVI, ch. xv) : « Le divorce a ordinairement une grande utilité politique » et dans les *Lettres Persanes* (Lettre (CXVII) : « Le divorce est aboli ; les mariages mal assortis ne se raccommodent plus ; les femmes ne passent plus, comme chez les Romains, successivement dans les mains de plusieurs maris, qui en tiraient, dans le chemin, le meilleur parti qu'il était possible. » Pendant les vingt premières années de la seconde moitié du xviiie siècle, la cause du divorce trouva en France d'éloquents avocats dans les philosophes, les principaux écrivains et même les jurisconsultes. Néanmoins le gouvernement toujours convaincu que l'alliance intime du trône et de l'Eglise était essentielle à sa conservation, n'osait pas entreprendre une réforme qu'il savait devoir lui aliéner le clergé. D'ailleurs à ce moment, il semble que le divorce n'était pas une des réformes que réclamaient les vœux du pays; nous n'en voulons qu'une preuve, parmi les cahiers de 1789, un seul, celui dont le duc d'Orléans était porteur, réclamait le rétablissement du divorce. Les autres au contraire maintenaient le principe de l'indissolubilité du mariage.

§ 2. *Droit intermédiaire.*

Ce sont les philosophes du xviiie siècle qui les premiers ont proposé de supprimer l'indissolubilité du mariage. Selon Diderot, le mariage perpétuel est un abus; « c'est la tyrannie de l'homme qui a converti en propriété la possession de la femme. » Il estime que la pudeur, comme le vêtement est une invention. Il cite avec admiration les mœurs d'Otaiti où les mariages ne durent souvent qu'un quart d'heure. Il est vrai qu'il a soin d'ajouter que « sa doctrine n'est pas bonne à prêcher, aux enfants, ni aux grandes personnes. » (Diderot, *Mémoires*, III, 66. V. dans le même sens *Mémoi-*

res de mad. d'Epinay; Rousseau, *Confessions.* I. p. liv. V ; *Le Rêve de d'Alembert.*)

Les principes de la Révolution, en proclamant que l'individu était tout, que la société n'était qu'une des formes propres à sauvegarder la liberté individuelle et que la religion était une ennemie, contribuèrent à favoriser la tendance des esprits vers le divorce. On commença par séculariser le mariage, la constitution du 3 septembre 1791 déclara dans son article 7 (tit. II): « La loi ne considère le mariage que comme contrat civil. Le pouvoir législatif établira pour tous les habitants, sans distinction, le mode par lequel les naissances, mariages et décès seront constatés et il désignera les officiers publics qui en recevront les actes. » Le législateur assimila ensuite le mariage aux contrats civils ordinaires, à tel point que lorsque le rétablissement du divorce fut proposé, Guadet s'y opposa, alléguant que le décret était inutile, parce que le divorce existait par le seul fait que le mariage était considéré comme un contrat civil, analogue par conséquent par tous ses effets à tous les autres contrats. (Poulle, op. citat. p. 90.)

La proposition de rétablir le divorce fut faite par le député Aubert Dubayet, à la séance du 30 août 1792. (*Moniteur* 1792. p. 578. tome XIII.) C'est alors que Guadet déclara qu'il était inutile de décréter le principe du divorce, puisqu'il était déjà appliqué. « Des tribunaux l'ont prononcé, disait-il, et moi-même je l'ai prononcé comme arbitre dans un tribunal de famille. » Néanmoins l'assemblée sur la proposition de Reboul qui disait, qu'il était indispensable de consacrer le principe puisqu'il n'était formellement exprimé nulle part, déclara que le mariage était un contrat dissoluble par le divorce. Le comité de législation fut chargé de faire un rapport. Le 6 septembre (*Moniteur*. XIII, p. 640) le rapporteur Léonard Robin fut entendu et posa comme principe qu'il fallait se montrer très large et accorder la plus grande latitude à la faculté du divorce.

Le projet ne fut combattu par personne et décrété le 20 septembre 1792. La loi, dans un préambule, déclarait que le divorce était une conséquence nécessaire de la liberté individuelle dont un engagement indissoluble serait la perte ; dans le même préambule, il était dit, que déjà plusieurs époux n'avaient pas attendu, pour jouir des avantages de la disposition constitutionnelle suivant laquelle le mariage n'est qu'un contrat civil, que la loi ait réglé le mode et les effets de divorce.

Voici quelle était l'économie de cette loi : le mariage était dissous par le divorce, qui pouvait avoir lieu par le consentement mutuel des deux époux, et même être provoqué par l'un des deux époux sur la simple allégation d'incompatibilité d'humeur et de caractère. Il pouvait également avoir lieu sur la demande d'un seul des conjoints dans les sept cas suivants : 1° en cas de démence, de folie ou de fureur ; 2° en cas de condamnation à des peines afflictives et infamantes ; 3° en cas de crimes, sévices ou injures graves de l'un des époux envers l'au tre ; 4° en cas de déréglement de mœurs notoire pendant le mariage ; 5° en cas d'abandon du mari par la femme, ou de la femme par le mari pendant deux ans au moins ; 6° en cas d'absence sans nouvelles pendant cinq ans de l'un des deux époux ; 7° en cas d'émigration. Ce dernier cas, ajouté sur la demande de Mailhe (séance du 17 septembre 1792). Tous les époux qui étaient alors séparés de corps avaient la faculté de réclamer le divorce, et dorénavant le divorce devait être le seul mode de désunion du mariage ; aussi toutes les demandes en séparation de corps alors existantes furent-elles déclarées éteintes de fait et de droit.

Le mode de divorce variait suivant les cas. En cas de consentement mutuel, le mari et la femme devaient préalablement convoquer une assemblée de six au moins de leurs plus proches parents. A défaut de parents domiciliés dans le canton, on pouvait choisir des amis. Trois de ces parents et amis étaient choisis par le mari, et les trois autres par la femme. Cette assemblée de famille, régulièrement convoquée par ministère d'huissier, devait se tenir à jour fixe un mois au moins après la convocation. Le jour de la réunion venu, les époux se présentaient en personne et exposaient leur demande. Les parents et amis faisaient telles observations qu'ils jugeaient convenables, et, si les époux persistaient dans leur dessein, un officier de l'état civil, requis à cet effet, dressait un acte contenant simplement que les parents et amis réunis en assemblée dûment convoquée, avaient entendu les deux époux et n'avaient pu les concilier. Un mois au moins et six mois au plus après l'acte de non conciliation, les époux pouvaient se présenter devant l'officier civil, qui, sur leur demande et la justification de l'acte de non-conciliation, devait prononcer le divorce, sans entrer en connaissance de cause. Au bout de six mois, les époux ne pouvaient être admis au divorce par consentement mutuel qu'à la condition de se soumettre de nouveau aux mêmes formalités. En cas de minorité des époux ou de l'un d'eux, ou d'enfants nés de leur mariage, les délais pour la convocation de l'assemblée de famille, et celui d'un mois après l'acte de non-conciliation pour faire prononcer le divorce étaient doublés.

Lorsqu'il s'agissait d'une simple cause d'incompatibilité d'humeur ou de caractère, l'assemblée de famille, composée de la même façon que pour le cas de consentement mutuel, se réunissait trois fois : la première fois à un mois de distance au moins du jour de la convocation ; en cas de non-conciliation l'assemblée se prorogeait à deux mois ; ce délai expiré, il y avait une nouvelle réunion, et si les époux ne pouvaient être conciliés, l'assemblée s'ajournait encore à trois mois ; si à la troisième réunion une conciliation n'intervenait pas, l'officier de l'état civil en dressait acte. Huitaine au moins et six mois au plus après cet acte, l'époux provoquant pouvait se présenter devant l'officier de l'état civil et faire prononcer le divorce, sur la simple justification des procès-verbaux des trois assemblées de famille et de l'acte de non-conciliation.

La demande de prononciation du divorce devait être formulée dans les six mois ; passé ce délai, il fallait, pour que la demande fût admise, renouveler les mêmes formalités. Si, dans l'intervalle des réunions de l'assemblée, un membre venait à être empêché d'y assister, l'époux qui l'avait fait appeler pouvait le remplacer par un autre parent ou ami.

Quant au divorce à prononcer pour motifs déterminés, on procédait ainsi. En cas de condamnation à une peine infamante, il suffisait de se présenter devant l'officier de l'état civil avec un extrait du jugement devenu définitif. Le cas d'absence de cinq ans sans nouvelles devait être justifié par un acte de notoriété publique. Les autres cas devaient être appréciés par le tribunal arbitral de famille organisé par la loi du 11 avril 1791. On pouvait appeler de ce jugement arbitral. L'appel devait être instruit et jugé sommairement dans le mois. Voici maintenant quelles étaient, d'après la loi du 20 septembre 1792, les conséquences du divorce. Les époux recouvraient leur entière indépendance avec la faculté de contracter un nouveau mariage. Ils pouvaient même se remarier ensemble. Lorsque le divorce avait été prononcé sur consentement mutuel ou pour simple cause d'incompatibilité d'humeur, le nouveau mariage avec d'autres personnes ne pouvait être contracté qu'au bout d'un an.

La loi donna au mari la faculté de se remarier immédiatement après le divorce, et à la femme dix mois après, et même immédiatement lorsqu'il était de notoriété publique que le mari avait quitté son domicile depuis plus de dix mois. Dans le cas où le divorce avait été prononcé pour cause déterminée, la femme ne pouvait contracter un nouveau mariage qu'un an après, à moins, que le divorce ne fût fondé sur une absence de cinq ans sans nouvelles. Le règlement des biens devait en principe se faire comme si l'un des deux époux était décédé. Lorsque le divorce était obtenu par le mari contre la femme, pour cause déterminée, celle-ci, hors le cas de démence, de furie ou de folie, était privée de tous ses droits dans les bénéfices de la communauté ou de la société d'acquêts, mais elle retenait les biens entrés de son côté. Les droits matrimoniaux emportant gain de survie, tels que douaire, augment de dot, droit de viduité, droit de part dans les biens et immeubles du prédécédé, étaient, en cas de divorce, éteints ; il en était de même des dons et avantages que les époux avaient pu se faire ou qui avaient pu être faits à l'un d'eux par les parents de l'autre. En cas de divorce pour cause déterminée, l'époux qui l'avait obtenu devait être indemnisé de la perte de ses avantages par une pension viagère qui était réglée par les arbitres de famille. Dans tous les cas, l'époux divorcé qui était dans le besoin avait droit à une pension alimentaire fixée par le même conseil. Cette pension cessait en cas de nouveau mariage. Elle était fixée au moment même du divorce. L'indigence survenue postérieurement n'y donnait pas droit. Tout acte de divorce était soumis aux mêmes formalités d'enregistrement et de publication des anciens jugements de séparation de corps et de biens, et produisait vis-à-vis des tiers les mêmes effets.

Le divorce faisait aux enfants la situation suivante : dans le cas de divorce par consentement mutuel, ou sur la demande de l'un des époux pour simple cause d'incompatibilité d'humeur, les filles et les garçons âgés de moins de sept ans devaient être confiés à la mère, et les garçons au-dessus de cet âge au père. Néanmoins, le père et la mère pouvaient faire à ce sujet tout autre arrangement. En cas de divorce pour cause déterminée, l'assemblée de famille réglait auquel des deux époux les enfants devaient être confiés. En cas de nouveau mariage, l'assemblée devait statuer de nouveau sur la situation des enfants. Dans tous les cas, soit que les enfants fussent confiés au père seul, ou à la mère seule, ou partagés entre les deux époux, ou confiés à des personnes tierces, les frais de leur entretien et de leur éducation restaient à la charge des deux époux.

Les enfants conservaient les droits résultant des conventions matrimoniales, mais ces droits ne s'ouvraient à leur profit que dans les conditions où ils se seraient ouverts si leurs père et mère n'avaient pas divorcé. Ils conservaient leurs droits de successibilité ; mais s'il survenait d'autres enfants à leurs parents divorcés, ces enfants succédaient en concurrence et par égale portion. Les époux divorcés ne pouvaient en se remariant se faire de plus grands avantages pour cause de mariage que ne le pouvaient les époux veufs se rema-

riant avec enfants. Les contestations entre époux divorcés relatives à l'entretien, à l'éducation et aux intérêts
des enfants étaient jugées par les arbitres de famille.
Ces décisions étaient exécutoires nonobstant appel.

Aux termes de la loi du 20 septembre 1792, sur les
actes de l'état civil, la dissolution du mariage était prononcée par l'officier de l'état civil. Les époux, en se
présentant devant cet officier devaient être accompa-
gnés de quatre témoins majeurs et justifier qu'ils
avaient observé toutes les formalités prescrites par la
loi. Si le divorce était demandé par un seul des deux
époux, et que l'autre ne se présentât pas, l'officier de
l'état civil ne pouvait prononcer le divorce qu'autant
que le demandeur justifiait d'une assignation donnée au
moins trois jours à l'avance ; lorsque le conjoint appelé
ne résidait pas dans la même commune que le conjoint
provoquant, le délai de trois jours devait être augmenté
d'autant de jours qu'il y avait de fois dix lieues entre
la résidence du conjoint appelé et la localité où devait
être prononcé le divorce. Ces formalités remplies, le divorce devait être prononcé.

La loi était bonne à coup sûr ; mais, comme toutes
les lois nées d'une réaction, elle pécha par son exagération. Elle rétablissait le divorce, mais ne permettait
que le divorce. Elle supprimait du même coup la séparation de corps, sans prendre garde qu'elle pouvait en
cela, froisser des convictions sincères qui repoussaient
l'absolu du divorce.

La loi de 1792, qui poussait déjà l'exagération jusqu'à admettre comme cause de divorce la simple allégation d'incompatibilité d'humeur ou de caractère et qui abolissait, ainsi que nous l'avons vu, la séparation de corps, fut encore aggravée par les décrets du 8 nivôse an II (28 décembre 1793) et des 4-9 floréal de la même année (23-28 avril 1794) et la loi du 24 vendémiaire an III (15 octobre 1794.)

Le décret du 8 nivôse an II attribua aux conseils de famille la connaissance des contestations relatives aux droits des époux divorcés, et leur enjoignit de statuer dans le délai d'un mois à partir de leur constitution en tribunal (art. 1 et 2). Elle autorisa la femme à contracter un second mariage aussitôt après le divorce, si le mari avait quitté son domicile et sa femme depuis dix mois, (art. 4).

Le décret des 4-9 floréal an II, vint encore surenchérir sur ces dispositions. Il fut permis à la femme divorcée de se remarier avant l'expiration de dix mois et sans délai toutes les fois qu'elle prouvait son accouchement depuis la dissolution du précédent mariage (art. 7). Cette même loi veut que chaque époux puisse obtenir le divorce sans aucun délai d'épreuve, s'il établit par acte authentique ou de notoriété qu'il vit séparé de son conjoint depuis plus de six mois. L'époux demandeur peut prouver également par acte authentique ou par acte de notoriété qu'il a été abandonné de l'autre époux depuis plus de six mois ; il obtient alors son divorce sans être même obligé d'agir au préalable contre son conjoint, par la seule présentation de ses pièces. En outre, la loi de floréal an II, dans son article 8, décida que les divorces survenus entre la constitution de 1791 et la promulgation de la loi du 20 septembre 1792 étaient confirmés et reconnus valables.

La loi du 24 vendémiaire an III (15 octobre 1794), décréta que le demandeur en divorce, s'il établissait par acte authentique ou de notoriété publique que son époux était émigré ou bien encore qu'il résidait en pays étranger ou dans les colonies, serait dispensé de l'assigner à son dernier domicile ; elle ajoutait que dans ces cas, le divorce serait même prononcé sans aucune citation.

Cette législation déplorable porta bientôt ses fruits. Les divorces devinrent si nombreux que l'opinion publique s'en émut. Dès l'année 1795, le député Bouguyot demandait la révision des lois sur le divorce à la Convention : « le divorce, disait-il, s'obtient avec trop de facilité. Les époux abandonnent leurs enfants, négligent leur éducation, qui se fait en dehors de l'exemple des vertus domestiques, des soins et des secours de la tendresse paternelle et maternelle. »

« La loi du divorce, s'écriait à la tribune, le 20 juillet 1795, le député Mailhe, est plutôt un tarif d'agiotage qu'une loi. Le mariage n'est plus en ce moment qu'une affaire de spéculation : on prend une femme comme une marchandise, en calculant le profit dont elle peut être, et l'on s'en défait aussitôt qu'elle n'est plus d'aucun avantage. »

La Convention finit par s'émouvoir de cette réprobation générale. Elle suspendit, par son décret du 15 thermidor an III (2 août 1795), l'exécution des lois du 8 nivôse et des 4-9 floréal an II, arrêta en principe la réforme de législation sur le divorce et chargea son comité de législation de lui présenter un projet de loi dans la décade, décidant que jusque-là la loi de 1792 serait seule en vigueur. Ce travail ne fut pas exécuté ; et ce ne fut que deux ans après que les protestations de l'opinion aboutirent à un résultat positif. (Willequet, *du Divorce*, p. 34.)

Un fait peindra mieux que toutes les considérations possibles les effets de la législation révolutionnaire en matière de divorce. A la suite d'un renvoi en cassation, un tribunal se trouva saisi d'une accusation de bigamie. Le prévenu avait adopté un étrange système de défense. Il disait : puisque le crime de bigamie présuppose l'existence d'un mariage et de devoirs dérivant de ce mariage, il ne peut être aujourd'hui question d'une accusation pareille ; en effet, sous le régime des lois actuelles, le lien conjugal est à la merci de chacun des époux ; le devoir est devenu dès lors une pure fantaisie, qui n'oblige que pour autant qu'il concorde avec le caprice de celui qui est tenu de le remplir. Dans l'espèce, ma volonté de divorcer, suffisant pour opérer le divorce, résulte suffisamment du nouveau mariage que j'ai contracté. — Le Tribunal accueillit ce système de justification et le sanctionna par l'acquittement du prévenu.

(Nougarède. *Histoire des lois sur le mariage et le divorce.*)

La commission de législation n'aboutissait toujours pas, mais à partir de 1796 les discussions devinrent très fréquentes.

Le 16 novembre 1796, les abus de la faculté donnée aux époux de divorcer pour cause d'incompatibilité d'humeur étaient dénoncés au conseil des Cinq cents par le député Regnaut (de l'Orne) dans les termes suivants: « Il serait difficile d'imaginer combien cette cause de divorce favorise la légèreté et l'inconduite des époux, combien elle les excite au libertinage et à la débauche et contribue à corrompre les mœurs. Qu'y a-t-il de plus immoral que de permettre à l'homme de changer de femme comme d'habit, et à la femme de changer de mari comme de chapeau? N'est-ce pas porter atteinte à la dignité du mariage? N'est-ce pas en faire le jouet du caprice et de la légèreté et le changer en concubinage successif? »

Quelques jours plus tard, le 20 novembre, au conseil des anciens, Villiers réclamait la suppresion immédiate de ces demandes.

« Rien, disait-il, n'est plus contraire à la morale et à la société. C'est un scandale alarmant qu'il est du devoir du législateur de faire cesser ». — « Il faut, ajoutait Philippe Delleville, faire cesser ce marché de chair humaine, que les abus du divorce ont introduit dans la société. Il faut se hâter de rapporter l'article monstrueux qui permet d'invoquer l'incompatibilité d'humeur ; rapportez-le, ou convenez que votre intention est que le mariage continue d'être un concubinage organisé. » (Séance du 20 prairial — *Moniteur*, p. 726.)

Le motif d'incompatibilité d'humeur trouva un défenseur dans le député Oudot. « Ce motif, dit-il, n'est mis en avant que pour couvrir la foule des motifs qui peuvent autoriser la dissolution du mariage, comme l'adultère, l'impuissance, la stérilité, l'avarice d'un époux qui laisse manquer sa famille, la prodigalité qui dissipe son patrimoine, la lâcheté de celui qui livre sa femme à la prostitution. Le motif d'incompatibilité d'humeur comprend tous les autres, et ce n'est qu'un voile officieux destiné à couvrir des maux qui ne pourraient être rendus publics sans scandale. La plupart des causes de divorce ne sont pas susceptibles de preuves ; quelles preuves peut-on donner de l'adultère ? Comment constater les vices secrets de l'un des époux ? Il faudra donc qu'une femme soit réduite à la cruelle alternative, ou de gémir en silence d'avoir été trompée, ou de rendre publics d'indécents détails. Le déshonneur d'une famille sera la suite d'une discussion de ce genre, et si le tribunal rejette la demande, à quelles dures perplexités une épouse ne se trouve-t-elle pas réduite ? » Néanmoins si la suspension demandée ne fut pas prononcée immédiatement, ce fut sur l'avis de Cambacérès, qui déclara que la question du divorce ne devait pas être tranchée isolément.

Emu par toutes ces déclarations, le conseil des Cinq cents chargea, le 5 nivôse an V (27 décembre 1796), une commission de faire un rapport sur la suspension provisoire de cette disposition, et, le 20 nivôse de la même année, Favart, fit au nom de cette commission un rapport favorable au projet.

Le rapport de Favart, attaque violente contre la loi de 1792, mit en lumière des faits assez effrayants en apparence. Les 27,000 demandes en séparation de corps dont étaient saisis les tribunaux avant le passage de la loi s'étaient transformées en autant de demandes de divorce. Il est vrai de dire que bon nombre d'époux avaient profité du divorce pour voler leurs femmes en leur remboursant leur dot en papier sans valeur, et que trop de femmes en avaient usé pour changer de mari comme de parure.

Dans certains cas le divorce avait été un moyen pour les femmes d'émigrés de sauver une partie de leurs droits matrimoniaux. La loi du 17 nivôse an XI, en limitant l'ordre des successions, amena aussi des divorces; le rapport de Favart en citait un exemple des plus curieux : Une jeune fille s'était mariée avec l'assurance de recueillir les biens d'une grand'tante. Le mariage consommé, intervint la loi du 17 nivôse interdisant ces sortes de successions. Les deux époux convinrent alors de faire divorce. Le projet exécuté, le mari épousa la grand' tante, âgée de quatre-vingt-deux ans, qui lui donna tous ses biens par contrat de mariage, ainsi que la loi le permettait. La vieille tante ne tarda pas à mourir et le jeune veuf se remaria avec sa première femme.

Le rapport de Favart vint en discussion devant le conseil des Cinq cents dans les séances des 4, 5, 11, 12 pluviôse, et dans celles du 3 floréal et du 20 prairial an V. Dans la séance du 4 pluviôse, (*Moniteur*, 5 et 6 pluviôse an V, 24 et 25 janvier 1797), Mailhe, défendant ce rapport, s'éleva avec force contre l'incompatibilité d'humeur considérée comme cause de divorce, et fut combattu par Darracq.

Dans la séance du 5 pluviôse (*Moniteur*, 7 et 8 pluviôse an V, 26 et 27 janvier 1797) ce fut le tour de Siméon d'attaquer la cause d'incompatibilité et celui de Lecointe de la défendre. Ce dernier reprochait aux pétitionnaires qui avaient les premiers élevé la demande dont le conseil était saisi, d'avoir « décelé leur intention, en choisissant précisément le moment où les prêtres réfractaires recouvraient la plus dangereuse influence ».

Dans les séances du 11 (*Moniteur*, 14 pluviôse an V, 2 février 1797), et du 12 pluviôse (*Moniteur*, 15 pluviôse, an V, 3 février 1797), Duprat, Dumolard, Bancal appuyèrent énergiquement le projet de la commission.

Dans la séance du 9 floréal (*Moniteur*, 9 floréal an V, 28 avril 1797), le conseil des Cinq cents adopta une résolution interprétative de l'article 10 du paragraphe 3 de la loi de 1792 sur le divorce, que le conseil des anciens, sur la proposition de Cambacérès, rejeta comme inutile dans ses séances du 19 floréal et du 20 prairial (*Moniteur*, 25 floréal et 27 prairial an V, 14 mai et 15 juin 1797) sur le rapport de Ligeret, et qui n'avait aucune relation avec la grande question des causes du divorce traitée dans le rapport de Favart.

Le 20 prairial (*Moniteur*, 26 et 27 floréal an V, 14 et 15 juin 1797), pendant que le conseil des Anciens rejetait la résolution, dont il vient d'être question, la discussion du rapport de Favart revenait devant les Cinq cents. Faulcon et Philippe Delleville prirent la parole l'un contre, l'autre pour les conclusions du rapport. Faulcon voulait qu'on maintînt l'incompatibilité d'humeur comme cause de divorce, allant jusqu'à dire qu'il deviendrait l'adversaire du divorce lui-même, si cette cause, la meilleure de toutes, était supprimée. Seulement il voulait qu'on l'entourât de certaines-garanties nouvelles et qu'on chargeât une commission d'étudier ces garanties, et de les proposer au conseil. Son opinion prévalut. (Naquet, *du Divorce*, p. 193.)

Le 28 prairial (*Moniteur*, 4 messidor an V, 22 juin 1797), la commission élue en vertu de la proposition Faulcon, et dont Faulcon était le rapporteur, fit adopter par le conseil des Cinq cents la proposition suivante qui devint par la suite la loi du premier jour complémentaire de l'an V (17 septembre 1797). « Dans toutes les demandes en divorce qui ont été ou qui seront formées sur simple allégation d'humeur et de caractère, l'officier public ne pourra prononcer le divorce que six mois après la date du dernier des trois actes de non conciliation, exigés par les articles 8, 10 et 11 de la loi du 20 septembre 1792. »

Cette résolution fut ensuite renvoyée au conseil des

Anciens : une commission fut chargée de faire un rapport sur ce sujet. Portalis en fut le rapporteur. Son rapport fut déposé dans la séance du 27 thermidor an V, (*Moniteur*, 1 fructidor an V, 18 août 1797.) et lu dans la séance du premier jour complémentaire de la même année. (*Moniteur*, 2, 3, 4 vendémiaire an VI, 23, 24 et 25 septembre 1797.)

Il concluait au rejet de la proposition. Portalis, adversaire résolu du divorce pour incompatibilité d'humeur, ne voulait pas qu'on le consacrât en cherchant à l'améliorer ; il voulait qu'on attendît la discussion du code civil pour l'abolir tout à fait. Mais Desmarières combattit les conclusions de Portalis et appuya la résolution déjà adoptée par les Cinq cents. Cette résolution passa et devint, ainsi que nous l'avons dit plus haut, la loi de l'an V. (Naquet, op. citat. p. 194.)

Il ne paraît pas que la loi du 13 fructidor an VI, (30 août 1798), relative à la célébration des décades, ait eu pour effet de mettre un frein aux abus résultant du divorce ; cependant cette loi décidait que, chaque décadi, l'administration municipale, avec le commissaire du Directoire exécutif et le secrétaire se rendraient en costume au lieu destiné à la réunion des citoyens et qu'ils y donneraient connaissance à ceux-ci des actes d'état civil, et notamment des divorces prononcés durant la décade ; elle disposait, en outre, que les instituteurs et institutrices d'écoles, soit publiques, soit particulières, seraient tenus de conduire leurs élèves chaque jour de décadi ou de fête nationale au lieu de la réunion des citoyens. Cet essai d'éducation civique ne paraît avoir produit aucun résultat appréciable; en tous cas, il n'eut pas pour résultat de diminuer le nombre des divorces. (Vraye et Godde, op. citat. p. 15.)

Après le 18 brumaire, l'on fit disparaître la cause d'incompatibilité d'humeur, on diminua le nombre de motifs déterminés, on entoura le divorce par consentement mutuel de difficultés et de restrictions de nature à en rendre la pratique fort difficile, enfin on interdit aux époux divorcés de se remarier entre eux.

Un orateur du Tribunat, Carion Nisas, sans oser proposer l'indissolubilité absolue du mariage, fit même une charge à fond en faveur de cette indissolubilité (*Archives parlementaires* par J. Mavidal et E. Laurent. (2e série), t. IV, p. 398), le 28 ventôse an XI au Tribunat. Il concluait à un système bâtard. Il aurait voulu que les époux désireux de rompre leur union, obtinssent d'abord une séparation de corps. Cette séparation obtenue, ils auraient dû adresser une requête au Sénat, demandant le divorce. Ces requêtes auraient été ultérieurement distribuées entre les sénateurs. Ceux-ci, parcourant dans les intervalles des sessions les contrées qui leur étaient dévolues (sénatories), auraient instruit les demandes que, sur leur rapport, le Sénat aurait ensuite admises ou rejetées par un sénatus-consulte. (Naquet, op. citat. p. 195.)

On profita de la rédaction du code civil pour réorganiser la famille et rendre au mariage le premier rang qu'il doit occuper dans les institutions. Le divorce fut remanié avec soin, et la séparation de corps fut de nouveau permise.

§ 3. *Code civil.*

La loi de 1792 fut remplacée par la loi décrétée le 21 mars 1803 (30 ventôse an XI) et promulguée le 31 du même mois (10 germinal an XI) qui devint le titre du divorce dans notre Code civil.

Le projet de cette loi avait été présenté par Portalis au conseil d'Etat, au nom de la section de législation, le 14 vendémiaire an X (6 octobre 1801). La discussion générale, qui s'ouvrit immédiatement et à laquelle prirent part notamment Portalis lui-même, Malleville, Tronchet, Bouley, Bigot-Préameneu et le premier consul, fut continuée dans les séances des 16 et 24 vendémiaire.

La commission chargée d'élaborer le projet du Code avait pris un point de départ tout différent de celui que la loi de 1792 avait adopté. Elle avait fait abstraction de toute question de religion et n'avait consulté que les intérêts purement politiques. Elle avait admis le divorce parce que l'Etat est intéressé à la paix des ménages et des familles, et parce que le divorce est, parmi les remèdes à apporter aux désordres conjugaux, le seul qui soit compatible avec la destination des sexes. Mais elle était bien résolue de ne le permettre que lorsque la nécessité en serait bien établie, lorsque l'un des époux aurait rompu ouvertement le lien conjugal par son infidélité, ou bien, lorsque la vie commune serait devenue pour l'un ou l'autre des époux un supplice qu'il eût été barbare de prolonger. Le système adopté par la commission ne rétablissait pas la séparation de corps.

Le projet de la commission suscita, de la part des tribunaux et des cours auxquels il fut envoyé en communication, des observations et des réclamations nombreuses.

La discussion spéciale sur les articles de loi proposés prit les séances des 26 vendémiaire, 4 brumaire, 6, 14 et 16 nivôse et 22 fructidor an X, date à laquelle une rédaction définitive fut arrêtée ; le 26 du même mois (13 septembre 1802), cette rédaction fut communiquée au Tribunat qui présenta ses observations. Dans les différentes discussions dont il vient d'être parlé, les questions les plus graves touchant au principe même du divorce furent soulevées. Portalis et Malleville instruits par l'expérience de la loi de 1792, se montrèrent peu favorables au divorce ; ils n'osèrent pourtant pas l'abolir, craignant de soulever l'opinion contre eux. Ils crurent aussi que la liberté des cultes exigeait le maintien d'une institution reconnue par les religions dissidentes. Ils se bornèrent à attaquer le divorce arbitraire avec des arguments qui portaient la plupart contre le divorce même. Le premier consul inclinait vers le divorce, mais plutôt par intérêt personnel que par conviction sincère. Il songeait déjà à rendre son pouvoir héréditaire et en vue de cette éventualité, il voulait se réserver le moyen de dissoudre une union stérile pour assurer la continuation de sa dynastie par des descendants. Locré affirme cependant que le premier consul voyait le divorce d'un mauvais œil et il est certain que dans les statuts organiques il l'interdit aux princes de sa famille. (Glasson, op. citat. p. 264.)

Les uns prétendaient, que même en se plaçant au point de vue exclusivement politique, la séparation de corps devait être préférée au divorce ; que le mariage civil était indissoluble de sa nature et ils concluaient à l'admission de la séparation de corps seule. D'autre part les partisans ardents du divorce ne voulaient pas entendre parler de la séparation de corps. En somme la discussion aboutit à une transaction entre les deux opinions. Il fut admis que la loi établirait et le divorce et la séparation de corps, et qu'elle laisserait aux citoyens le choix entre ces deux mesures. (Willequet, op. citat. p. 36.)

Mais l'existence simultanée du divorce et de la séparation admise, il restait à déterminer quelle serait l'importance relative de chacune de ces institutions à l'égard de l'autre. Convenait-il de rapporter le divorce aux causes graves, et la séparation de corps à des motifs moins sérieux ? Telle ne fut pas l'idée du législateur. Il résulte des discussions préparatoires que la séparation n'est pas le premier degré du divorce ; que le système binaire admis par le Code n'est pas établi pour correspondre à la gravité relative des motifs qui font recourir à une séparation, mais qu'il est destiné uniquement à donner à chaque citoyen un mode distinct de séparation en harmonie avec ses convictions religieuses.

Venait ensuite la question de savoir si la nouvelle législation admettrait le divorce pour cause indéterminée. Tout le monde était d'accord pou rejeter le système de la loi de 1792 qui permettait à la volonté indéterminée, capricieuse, d'un des époux, de dissoudre l'union conjugale ; mais beaucoup pensaient qu'il existait des natures délicates, sensibles qui, obligées de recourir au divorce, éprouveraient une répugnance invincible à mettre le public dans la confidence des troubles secrets de leur foyer domestique. On crut qu'en dehors de la preuve directe des causes du divorce, il y avait d'autres moyens d'établir l'existence réelle de ces causes. On jugea qu'on pouvait atteindre ce but en exigeant, outre le consentement des époux, des garanties de temps et des formalités si nombreuses et telles qu'elles ne laisseraient aucun doute sur l'existence réelle d'une cause sincère de divorce. Ce fut ainsi que le divorce par consentement mutuel fut adopté par le Code civil. (Willequet, op. citat. p. 37.)

Il y avait, on le voit par ce court exposé, une différence profonde entre le divorce par consentement mutuel du Code civil, et le divorce pour incompatibilité d'humeur de la loi de 1792. Dissoudre le mariage

13

uniquement parce que ce lien ne convenait plus aux époux, c'était ériger en loi le manque de respect pour la plus vénérable des institutions civiles. Aussi le divorce pour incompatibilité d'humeur fut-il abandonné. Par l'adoption du divorce par consentement mutuel, le législateur décida au contraire que la dissolution du mariage ne pouvait se faire que pour des causes graves, et il érigea le consentement mutuel des époux, prêté dans des conditions données, en une présomption *juris et de jure* de l'existence d'une cause sérieuse de divorce. Et certes les délais, les conditions, les formalités, les sacrifices pécuniaires dont ce consentement doit être entouré pour être opérant, sont bien de nature à justifier la présomption que la loi y attachait.

De retour au Conseil d'Etat, le projet primitif fut de nouveau soumis à cette assemblée avec les propositions du Tribunat à la séance du 20 brumaire an XI, et à cette même date, le Conseil d'Etat arrêta la rédaction définitive destinée à être soumise au Corps législatif.

Le 19 ventôse an XI (10 mars 1803), Treilhard présenta cette rédaction au Corps législatif avec un remarquable exposé des motifs; le 20 du même mois, transmission officielle en était faite par le Corps législatif au Tribunat et sur le rapport fait à cette assemblée par le tribun Savoie-Rollin, au nom de la section de législation (27 ventôse an XI), et contrairement à l'opinion de Caron Nisias, le Tribunat émit un vœu d'adoption (28 ventôse) ; le 30 du même mois, après avoir entendu les discours de Gillet, orateur du Tribunat et de Treilhard, orateur du gouvernement, le Corps législatif vota le projet qui lui était soumis. (Voir sur ces discussions : *Motifs, rapports et opinions des orateurs qui ont coopéré à la rédaction du Code civil et discussion de ce Code au Conseil d'Etat et au Tribunat* par Poncelet ; Malleville, *Analyse du Code civil* ; Locré, *Esprit du Code civil.*) Le discours de Treilhard est si remarquable que nous croyons nécessaire de reproduire en entier la partie de ce discours consacrée au principe même de l'indissolubilité du mariage :

« Le gouvernement n'a pas dû se dissimuler les difficultés d'une loi sur le divorce : l'intérêt, les passions, les préjugés, les habitudes, des motifs encore d'un autre ordre toujours respectables par la source même dont ils émanent, présentent, s'il est permis de le dire, à chaque pas des ennemis à combattre : tous ces obstacles, le Gouvernement les a prévus, et il a dû se flatter de les vaincre, parce que son ouvrage ne doit être offert ni à l'esprit de parti, ni à des passions exaltées, mais à la sagesse d'un corps politique placé au-dessus du tourbillon des intrigues, qui sait embrasser d'un coup d'œil l'ensemble d'une institution, et consacrer de grands résultats quand ils offrent beaucoup plus d'avantages que d'inconvénients.

» C'est dans cette conviction que je présenterai les motifs du projet de loi sur le divorce, et sans en discuter chaque article en particulier, je m'attacherai aux grandes bases. Leur sagesse une fois prouvée, tout le reste en deviendra la conséquence nécessaire.

» Faut-il admettre le divorce ? pour quelles causes ? dans quelles formes ? quels seront ses effets ?

» Faut-il admettre le divorce ?

Vous n'attendez pas que, cherchant à résoudre cette grande question par les autorités, je fasse ici l'énumération des peuples qui ont admis ou rejeté le divorce ; que je recherche péniblement s'il a été pratiqué en France dans les premiers âges de la monarchie, et à quelle époque l'usage en a été interdit : je ne dirai rien qui fut nouveau pour vous, et tout le monde doit sentir qu'une question de cette nature ne peut pas se résoudre par des exemples.

» L'autorisation du divorce serait inutile, déplacée, dangereuse chez un peuple naissant, dont les mœurs pures, les goûts simples assureraient la stabilité des mariages ; parce qu'elles garantiraient le bonheur des époux.

» Elle serait utile, nécessaire, si l'activité des passions et le déréglement des mœurs pouvaient entraîner la violation de la foi promise et les désordres incalculables qui en sont la suite.

» Elle serait inconséquente chez un peuple qui n'admettrait qu'un seul culte, s'il pensait que ce culte établit d'une manière absolue l'indissolubilité du mariage.

» Aussi, la question doit recevoir une solution différente, suivant le génie et les mœurs des peuples, l'esprit des siècles et l'influence des idées religieuses sur l'ordre politique.

» C'est pour nous, dans la position où nous sommes, que la question s'agite : pour un peuple dont le pacte social, garantit à chaque individu la liberté du culte qu'il professe, et dont le code civil ne peut par conséquent recevoir l'influence d'une croyance particulière.

» Déjà vous voyez que la question doit être envisagée sous un point de vue purement politique. Les croyances religieuses peuvent différer sur beaucoup de points; il suffit pour le législateur qu'elles s'accordent sur un article fondamental, sur l'obéissance due à l'autorité légitime : du reste personne n'a le droit de s'interposer entre la conscience d'un autre et la divinité, et le plus sage est celui qui respecte le plus tous les cultes.

» La question du divorce doit donc être discutée, abstraction faite de toute idée religieuse ; et elle doit cependant être décidée de manière à ne gêner aucune conscience, à n'enchaîner aucune liberté ; il serait injuste de forcer le citoyen dont la croyance repousse le divorce, à user de ce remède ; il ne le serait pas moins d'en refuser l'usage quand il serait incompatible avec la croyance de l'époux qui le sollicite.

» Nous n'avons donc qu'une question à examiner, dans l'état actuel du peuple français, le divorce doit-il être permis ?

» Nous ne connaissons pas d'acte plus solennel que celui du mariage. C'est par le mariage que les familles se forment et que la société se perpétue : voilà une première vérité sur laquelle je pense que tout le monde est d'accord, de quelque opinion qu'on puisse être d'ailleurs sur la question du divorce.

» C'est encore un point également incontestable, que de tous les contrats, il n'en est pas un seul dans lequel on doive plus désirer l'intention et le vœu de la perpétuité de la part de ceux qui le contractent.

» Il n'est pas, et il ne doit pas être moins universellement reconnu, que la légèreté des esprits, la perversité du cœur, la violence des passions, la corruption des mœurs ont trop souvent produit dans l'intérieur des familles des excès tels que l'on s'est vu forcé de permettre de fait la rupture d'unions qu'on regardait cependant comme indissolubles de droit ; les monuments de la jurisprudence, qui sont aussi le dépôt des faiblesses humaines, n'attestent que trop cette triste vérité.

» Voilà notre position ; je demande actuellement si l'on peut raisonnablement espérer, par quelque institution que ce puisse être, de remédier si efficacement et si promptement au désordre, que l'on n'ait plus besoin du remède ; si l'on peut trouver le moyen d'assortir si parfaitement les unions conjugales, d'inspirer si fortement aux époux le sentiment et l'amour de leurs devoirs respectifs, qu'on doive se flatter qu'ils ne s'en écarteront plus dans la suite, et qu'ils ne nous rendront plus les témoins de ces scènes atroces, de ces scandales révoltants qui durent forcer si impérieusement la séparation des deux époux. Ah ! sans doute, si l'on peut, par quelque loi salutaire, épurer tout à coup l'espèce humaine, on ne saurait trop se hâter de donner ce bienfait au monde. Mais s'il nous est défendu de concevoir de semblables espérances, si elles ne peuvent naître, même dans l'esprit de ceux qui jugent l'humanité avec la prévention la plus indulgente, il ne nous reste plus que le choix du remède à appliquer au mal que nous ne saurions extirper.

» Voilà la question réduite à son vrai point : faut-il préférer au divorce l'usage ancien de la séparation de corps? Faut-il préférer à l'usage de la séparation celui du divorce? Ne convient-il pas de laisser aux citoyens la liberté d'user de l'une ou de l'autre voie ?

» Écartons avant tout et avec le même soin, les déclamations que se sont permises des esprits exaltés dans l'un et l'autre parti, la vérité et la sagesse se trouvent rarement dans les extrêmes.

» Les uns ont parlé du divorce comme d'une institution presque céleste et qui allait tout purifier ; les autres en ont parlé comme d'une mission infernale et qui achèverait de tout corrompre ; ici le divorce est le triomphe, là c'est la honte de la raison. Si nous croyons ceux-ci, l'admission du divorce déshonorera le Code ; ceux-là prétendent que son rejet laissera ce même Code dans un état honteux d'imperfection ; le législateur ne se laisse pas surprendre par de pareilles exagérations.

» Le divorce en lui-même ne peut pas être un bien, c'est le remède d'un mal. Le divorce ne doit pas être signalé comme un mal, s'il peut être un remède quelquefois nécessaire.

» Doit-il être politiquement préféré à la séparation? Voilà la seule question, puisqu'il est reconnu et incontestable que la loi doit offrir à des époux outragés, maltraités, en péril de leurs jours, des moyens de mettre à couvert leur honneur et leur vie.

» Le mariage, comme tous les autres contrats, ne peut se former sans le consentement des parties; ce consentement en est la première condition, la condition la plus impérieusement exigée; sans ce consentement il n'y a pas de mariage.

» On ne doit cependant pas confondre le contrat de mariage avec une foule d'autres actes qui tirent aussi leur existence du consentement des parties, mais qui, n'intéressant qu'elles, peuvent se dissoudre par une volonté contraire à celle qui les a formés.

» Le mariage n'intéresse pas seulement les époux qui le contractent; ils forment un lien entre deux familles, et il crée dans la société une famille nouvelle qui peut elle-même devenir la tige de plusieurs autres familles: le citoyen qui se marie devient époux, il deviendra père; ainsi s'établissent de nouveaux rapports que les époux ne sont plus libres de rompre par leur seule volonté : la question du divorce doit donc être examinée dans les rapports des époux entre eux, dans leurs rapports avec les enfants, dans leurs rapports avec la société.

» Le divorce rompt le lien conjugal; la séparation

laisse encore subsister ce lien ; à cela près, les effets de l'un ou de l'autre sont peu différents : cette union des personnes, cette communauté de la vie qui forment si essentiellement le mariage n'existent plus ; les jugements de séparation prononçaient toujours des défenses expresses au mari de hanter et fréquenter sa femme. Quel est donc l'effet de cette conservation apparente du lien conjugal dans les séparations, et pourquoi retenir encore le nom avec tant de soin, lorsqu'il est évident que la chose n'existe plus ? Le vœu principal du mariage n'est-il pas trompé ? N'est-il pas vrai que l'époux n'a réellement plus de femme, que la femme n'a plus de mari ? Quel est donc encore une fois l'effet de la conservation du lien ?

» On interdit à deux époux, devenus célibataires de fait, tout espoir d'un lien légitime, et on laisse subsister entre eux une communauté de nom qui fait encore rejaillir sur l'un le déshonneur dont l'autre peut se couvrir. Nous n'avons que trop vu les funestes conséquences de cet état, et le passé nous annonce ce que nous devrions en attendre pour l'avenir.

» Cependant l'un des époux était du moins sans reproche ; il avait été séparé comme une victime de la brutalité ou de la débauche : fallait-il l'offrir une seconde fois en sacrifice par l'interdiction des sentiments les plus doux et les plus légitimes ? L'époux même dont les excès avaient forcé la séparation ne pouvait-il pas mériter quelque intérêt ? Était-il impossible que, mûri par l'âge et par la réflexion, il pût trouver une compagne qui obtiendrait de lui cette affection si constamment refusée à la première ?

» Certes, si nous ne considérons que la personne des deux époux, il est bien démontré que le divorce est pour eux préférable à la séparation.

» Je ne connais qu'une objection; on la tire de la possibilité d'une réunion; mais je le demande, combien de séparations a vu le siècle dernier, et combien peu de rapprochements! Comment pourraient-ils s'effectuer ces rapprochements?

» La demande en séparation suppose déjà des esprits extraordinairement ulcérés; la discussion, par sa nature, augmente encore la malignité du poison. Le règlement des intérêts pécuniaires, après la séparation, lui fournit un nouvel aliment.

» Enfin, chacun des deux époux, isolé, en proie aux regrets, quelquefois aux remords, éprouvant le désir bien naturel de remplir le vide affreux qui l'environne, et cependant sans espoir de fonder une union qu'il pourra avouer, forcé en quelque manière de courir après les distractions par le besoin pressant de se fuir lui-même, se trouve insensiblement entraîné dans la dissipation, et dans tous les désordres qu'elle mène à sa suite.

» A Dieu ne plaise que je ne prétende que ce tableau soit celui de tous les époux séparés! Je dis seulement que l'impossibilité de former un nouveau lien les expose à toutes les espèces de séductions, qu'il faut pour résister à des dangers si pressants, un effort peu commun et dont peu de personnes sont capables, et que l'interdiction d'un lien légitime a souvent plongé sans retour nombre de victimes dans les mauvaises mœurs.

» J'ajoute qu'il n'y a presque pas d'exemples de réunion entre deux époux séparés, et que ces réunions furent quelquefois plus scandaleuses que la séparation même : l'on a vu au contraire plusieurs fois, dans les lieux où le divorce était admis, deux êtres infortunés, victimes l'un et l'autre, tant qu'ils furent unis, de la violence des passions, former après leur divorce des mariages qui, s'ils ne furent pas toujours parfaitement heureux, du moins ne furent suivis d'aucun éclat ni d'aucun signe de repentir.

» J'en tire cette conséquence que, pour les époux, le divorce est sans contredit préférable à la séparation.

» Mais les enfants, que deviennent-ils après le divorce? Je demanderai à mon tour que deviennent-ils après la séparation?

» Sans doute le divorce ou la séparation des parents forment dans la vie des enfants une époque bien funeste; mais ce n'est pas l'acte de divorce ou de séparation qui fait le mal, c'est le tableau hideux de la guerre intestine qui a rendu ces actes nécessaires.

» Au moins les époux divorcés auront encore le droit d'inspirer pour leur personne un respect et des sentiments qu'un nouveau nœud pourra légitimer; ils ne perdront pas l'espoir d'effacer par le tableau d'une union plus heureuse les fatales impressions de leur union première, et n'étant pas forcés de renoncer au titre honorable d'époux, ils se préserveront avec soin de tout écart qui pourrait les en rendre indignes.

» C'est peut-être ce qui peut arriver de plus heureux pour les enfants ; l'affection des pères se soutiendra bien plus sûrement dans la sainteté d'un nœud légitime, que dans les désordres d'une union illicite, auxquels il est si difficile d'échapper quand on n'a plus droit de prétendre aux honneurs du mariage.

» Mais dira-t-on, les lois ont toujours regardé d'un œil défavorable les secondes noces ; je n'examinerai pas si cette défaveur est fondée sur des raisons sans réplique, ou si au contraire, dans une foule d'occasions, un second mariage ne fut pas pour les enfants un grand acte de tendresse ; j'observe seulement qu'il ne s'agit point ici d'une épouse à qui la mort a ravi son protecteur et son ami, et dont le cœur, plein de ses premiers sentiments repousse avec amertume toute idée d'une affection nouvelle.

» Il s'agit d'époux dont les discordes ont éclaté, dont tous les souvenirs sont amers, qui éprouvant le besoin de fuir pour ainsi dire leur vie passée, et de se créer une nouvelle existence, se précipiteront trop souvent dans le vice, si les affections légitimes leur sont interdites.

» Le véritable intérêt des enfants est de voir les auteurs de leurs jours, heureux, dignes d'estime et de respect, et non pas de les trouver isolés, tristes, éprouvant un vide insupportable, ou comblant ce vide par des jouissances qui ne sont jamais sans amertume, parce qu'elles ne sont jamais sans remords.

» Quant à la société, il est hors de doute que son intérêt réclame le divorce, parce que les époux pourront contracter dans la suite de nouvelles unions : pourquoi frapperait-elle d'une fatale interdiction des êtres que la nature avait formés pour éprouver les plus doux sentiments de la paternité ? Cette interdiction serait également funeste et aux individus et à la société : aux individus, qu'elle condamne à des privations qui peuvent être méritoires quand elles sont volontaires ; mais qui sont amères quand elles sont forcées ; à la société, qui se trouve ainsi appauvrie de nombre de familles dont elle eût pu s'enrichir.

» Les formes, les épreuves dont le divorce sera environné pourront en prévenir l'abus : espérons que le nombre des époux divorcés ne sera pas grand ; mais enfin, quelque peu considérable qu'il soit, ne serait-il pas également injuste et impolitique de les laisser toujours victimes, de changer seulement l'espèce du sacrifice ? Et lorsque l'Etat peut légitimement attendre d'eux des citoyens qui le défendront, qui l'honoreront peut-être, faut-il étouffer un espoir si consolant ?

» Toute personne sans passion et sans intérêt sera donc forcée de convenir que le divorce, qui, brisant le lien, laisse la possibilité d'en contracter un nouveau, est préférable à la séparation qui, ne conservant du lien que le nom, livre deux époux à des combats perpétuels et dont il est si difficile de sortir toujours avec avantage.

» Il faut donc admettre le divorce.

» Mais le pacte social garantit à tous les Français la liberté de leur croyance : des consciences délicates peuvent regarder comme un précepte impérieux l'indissolubilité du mariage ; si le divorce était le seul remède offert aux époux malheureux, ne placerait-on pas des citoyens dans la cruelle alternative de fausser leur croyance ou de succomber sous un joug qu'ils ne pourraient plus supporter ? Ne les mettrait-on pas dans la dure nécessité d'opter entre une lâcheté ou le malheur de toute leur vie ?

» Nous aurions bien mal rempli notre tâche, si nous n'avions pas prévu cet inconvénient : en permettant le divorce, la loi laissera l'usage de la séparation ; l'époux qui aura le droit de se plaindre, pourra former à son choix l'une ou l'autre demande : ainsi nulle gêne dans l'opinion, et toute liberté à cet égard est maintenue.

» Cependant il ne serait pas juste que l'époux qui a choisi comme plus conforme à sa croyance, la voie de la séparation, dût maintenir pour toujours l'autre époux dont la croyance peut n'être pas la même, dans une interdiction absolue de contracter un second mariage. Cette liberté, que la constitution garantit à tous, se trouverait alors violée dans la personne de l'un des époux ; il a donc fallu autoriser celui-ci après un certain intervalle, à demander que la séparation soit convertie en divorce, si l'époux qui a fait prononcer cette séparation ne consent pas à la faire cesser; et c'est ainsi que se trouvent conciliés, autant qu'il est possible, deux intérêts également sacrés: la sûreté des époux d'un côté, et la liberté religieuse de l'autre. »

Le système de législation inauguré par le décret du 20 mars 1803. devenu le titre VI du livre I du Code civil, réduisait considérablement les cas de divorce.

Ces cas étaient limités à l'adultère, aux excès, sévices et injures graves; encore fallait-il, pour que l'adultère du mari amenât le divorce, qu'il y eût entretien d'une concubine dans le domicile conjugal. Le divorce pouvait également avoir lieu sur le consentement mutuel et persévérant des deux époux qui déclaraient que la vie commune leur était insupportable. La simple allégation d'incompatibilité d'humeur ou de caractère n'était plus admise. La juridiction de la famille et des amis était remplacée par celle de la magistrature. Si les faits allégués à l'appui d'une demande de divorce nécessitaient, une poursuite criminelle ou correctionnelle, l'instance en divorce devait être suspendue. Le jugement ou l'arrêt résultant de ces poursuites ne pouvait en aucun cas être opposé au demandeur. La demande en divorce devait détailler les faits et être remise par l'époux demandeur en personne au président du tribunal ou à un juge désigné à cet effet. Si l'état de maladie empêchait le demandeur de faire cette remise en personne, son empêchement était constaté par le président ou le juge désigné, assisté de deux médecins ou chirurgiens. Le juge, après avoir fait au demandeur telles observations qu'il jugeait convenables dressait procès-verbal de sa demande. Il entendait ensuite les deux parties et leur adressait les représentations qu'il croyait propres à opérer un rapprochement. En cas de persistance de l'époux demandeur, procès-verbal de cette nouvelle tentative de rapprochement était dressé. Trois jours après le tribunal, sur le rapport du juge qui avait entendu les deux époux, et sur les conclusions du ministère public, accordait ou suspendait la permission de citer. La suspension ne pouvait excéder vingt jours. Le demandeur faisait alors citer le défendeur à comparaître à l'audience à huis clos. La citation portait copie de sa demande et des pièces à l'appui. A l'audience, le demandeur développait sa demande personnellement ou par l'intermédiaire d'un conseil.

Il indiquait les témoins qu'il se proposait de faire entendre. Si le défendeur comparaissait, il avait droit de faire ses observations, tant sur la demande que sur les pièces et les témoins. Il pouvait aussi produire des pièces et des témoins à l'appui de ses allégations. Sur ces pièces et témoins, le demandeur avait également droit de faire des observations. Procès-verbal de cette comparution des parties, de leurs dires, observations et aveux était dressé, puis communiqué au ministère public. Le tribunal, en audience publique, sur le rapport d'un de ses membres et sur les conclusions du ministère public, statuait sur la fin de non-recevoir s'il en était opposé une, ou sur l'admission. Si le jugement d'admission n'était pas frappé d'appel, on pouvait passer immédiatement au jugement du fond.

Le demandeur devait être présent personnellement à toutes les phases de la procédure, aux enquêtes, aux auditions de témoins ; il pouvait être assisté d'un conseil, mais en son absence son conseil n'était pas entendu. Au nombre des témoins, on pouvait faire entendre tous les parents, sauf les enfants et les descendants. On pouvait également faire entendre les domestiques. La loi avertissait le tribunal, de ne recevoir qu'avec réserve les dépositions des parents et des domestiques. L'enquête se faisait à huis clos, en présence des parties, de leurs conseils, de trois de leurs amis et du ministère public. Les enquêtes étaient résumées en audience publique par un juge.

En cas de demande de divorce pour cause d'excès, sévices et injures graves, bien que les faits à l'appui fussent parfaitement établis, le tribunal pouvait ne pas admettre immédiatement le divorce, tout en autorisant la femme à quitter son mari, et à ne pas être tenue de le recevoir dans la maison qui lui était assignée pour résidence. Au bout d'un an, si les époux ne s'étaient pas réconciliés, le divorce devait être prononcé. Les appels, tant de jugements sur demande en admission que sur le fond, devaient être instruits comme affaires urgentes. Le jugement rendu, le demandeur devait citer le défendeur devant l'officier de l'état civil dans les deux mois pour entendre prononcer le divorce. Faute d'user de ce droit dans ce délai, le bénéfice du jugement ou de l'arrêt rendu était perdu. L'action en divorce ne pouvait être reprise que pour cause nouvelle, auquel cas le demandeur pouvait faire valoir les causes anciennes. Pendant le cours de la procédure, l'administration provisoire des enfants restait au mari, soit qu'il fût demandeur ou défendeur, à moins que sur la demande de la mère, de la famille et les conclusions du ministère public il n'en fût autrement ordonné pour le plus grand bien des enfants. Le mari devait au besoin payer une pension alimentaire à sa femme lorsque celle-ci était autorisée à le quitter. La pension était proportionnée à la fortune du mari. La femme était obligée de justifier de sa résidence dans la maison à elle indiquée par le juge, sous peine de se voir refuser le payement de sa pension, et de perdre le bénéfice de sa demande.

La femme mariée sous le régime de la communauté pouvait, pour la conservation de ses intérêts, provoquer l'apposition des scellés, lesquels ne pouvaient être levés qu'à la suite d'un inventaire avec prisée. A partir du jour où le juge avait dressé procès-verbal du dépôt de la demande en divorce, toute aliénation ou obligation à la charge de la communauté était interdite au mari. Il y avait lieu de répondre à une demande en divorce par une fin de non recevoir, lorsque la demande reposait sur une cause déterminée et qu'une réconciliation était intervenue depuis la demande ou depuis les faits autorisant cette demande. Les faits constatant cette réconciliation pouvaient être prouvés, soit par écrit, soit par témoins.

Le divorce par consentement mutuel était maintenu lorsque les époux déclaraient et persistaient à déclarer que la vie commune leur était insupportable ; mais ce mode de divorce était sévèrement réglementé et soumis à des épreuves rigoureuses. Le mari devait avoir plus de vingt-cinq ans, la femme au moins vingt et un, et le mariage dater au moins de deux ans. Il n'était pas admis après vingt ans de mariage ou lorsque la femme avait plus de quarante-cinq ans. Le consentement mutuel des deux époux devait être autorisé par leurs père et mère et les autres ascendants vivants. Avant de déposer leur demande en divorce, ils devaient prendre les arrangements suivants : dresser un inventaire de leurs biens meubles et immeubles, régler leurs droits respectifs, tout en conservant la faculté de transiger ; constater par écrit à qui les enfants seraient et resteraient confiés, soit pendant les épreuves préliminaires, soit après le divorce ; déterminer la maison où la femme devait se retirer pendant les épreuves, et déterminer le chiffre de la pension alimentaire qui devait lui être servie. Les deux époux devaient se présenter ensemble devant le président du tribunal ou le juge désigné à cet effet, et exposer leur demande en présence de deux notaires amenés par eux. Le président ou le juge leur faisait telles représentations et exhortations qu'il jugeait convenable. Ces exhortations pouvaient être faites soit aux époux réunis, soit à chacun d'eux séparément ; les deux notaires devaient toujours être présents.

Lecture était ensuite donnée du chapitre des effets du divorce, et le magistrat leur en développait les conséquences. Si les deux époux persistaient dans leur volonté de se séparer, acte leur était donné de cette persistance, et alors ils devaient déposer entre les mains du magistrat leur inventaire, les conventions arrêtées entre eux relativement à la garde de leurs enfants, les autorisations de leurs père, mère et ascendants. La femme était ensuite invitée à se retirer dans une maison que lui indiquait le président, et prenait de nouveau l'engagement d'y résider. Cette déclaration de persistance des deux époux devait être renouvelée de la même manière et avec les mêmes justifications d'autorisation des père, mère et ascendants, les quatrième, septième et dixième mois suivants. Dans la première quinzaine du mois où était révolue l'année à compter de la première déclaration, les deux époux, assistés chacun de deux amis, personnes notables résidant dans l'arrondissement et âgées au moins de cinquante ans, devaient se présenter ensemble et en personne devant le président, lui remettre toutes les pièces et procès-verbaux de leur demande et requérir séparément, et néanmoins en présence l'un de l'autre, l'admission de leur divorce. Après les observations du président et des assistants, si les époux persistaient encore à se séparer, le greffier du tribunal en dressait acte. Trois jours après, l'affaire était portée en audience publique. Le ministère public procédait à la vérification des formalités, savoir, si le mari avait au moins vingt-cinq ans, la femme vingt et un ans, et moins de quarante-cinq ans ; si le mariage avait au moins deux ans de date et moins de vingt ans ; si le consentement mutuel avait été exprimé quatre fois, et chaque fois avec l'autorisation des parents, puis il donnait ses conclusions. Le tribunal autorisait ou refusait le divorce en se servant de l'une de ces deux formules : « La loi permet » ou « la loi empêche. » En cas de refus, les motifs devaient être déduits. L'appel du jugement ne devait pas être interjeté avant vingt jours ; pour être valable, l'appel, en cas de refus, devait être interjeté par les deux parties. La cour devait instruire et statuer sur l'affaire dans le délai d'un mois. Vingt jours après l'arrêt, les parties étaient tenues de se présenter devant l'officier de l'état civil pour faire prononcer leur divorce. Ce délai expiré, le bénéfice de l'arrêt ou du jugement était perdu. Voici maintenant quels étaient les effets du divorce.

Dans les cas de divorce pour cause déterminée, la femme ne pouvait se remarier que dix mois après le divorce prononcé. En cas de divorce par suite de consentement mutuel, l'un et l'autre des époux divorcés ne pouvait contracter un nouveau mariage qu'au bout de trois ans. En cas d'adultère, l'époux coupable ne pouvait se marier avec son complice, hors le cas de consentement mutuel ; l'époux contre lequel le divorce avait été obtenu perdait tous les avantages que l'autre lui avait faits pour cause de mariage. Au contraire, l'époux qui avait obtenu le divorce conservait tous les siens. Le même époux avait au besoin droit à une pension alimentaire, fixée au tiers des revenus de l'époux contre lequel le divorce avait été obtenu. Les enfants étaient en principe confiés à l'époux qui avait obtenu le divorce ; cependant le tribunal était libre de statuer à cet égard au mieux des intérêts des enfants. Les obligations imposées aux parents par la législation précédente envers leurs enfants subsistaient, mais, à ce sujet, la nouvelle législation faisait une innovation assez considérable : en cas de divorce par consentement mutuel, la propriété de la moitié des biens de chacun des deux époux était acquise du jour de leur première déclaration aux enfants nés de leur mariage ; les parents en conservaient néanmoins la jouissance pendant la minorité comme indemnité des charges d'entretien et d'éducation.

La législation du divorce organisée par le Code civil dans les conditions que nous venons d'indiquer fut appliquée pendant douze ans en France avec l'approbation générale des Cours et des tribunaux, et il faut reconnaître que l'on n'a pas adressé une seule fois, dans la discussion de la loi, en 1816, à la Chambre des députés et à la Chambre des pairs, au divorce le reproche d'avoir produit des abus sous le premier empire. La loi reçut cependant, pendant cette période de nombreuses applications. Le divorce de l'empereur Napoléon Iᵉʳ est le plus célèbre de cette époque. Il avait épousé la veuve du général Beauharnais ; mais cette union avait été stérile. Napoléon voulait fonder une dynastie, et, d'ailleurs, il espérait, par un mariage avec une princesse de vieille race royale se faire pardonner ce que tous les rois de l'Europe appelaient son usurpation.

C'est à son retour en France, en octobre 1809, à Fontainebleau, que Napoléon s'ouvrit la première fois de son projet à Cambacérès, son archichancelier. Le prince Cambacérès apprit avec un vif déplaisir cette grave détermination, car, ainsi que tout le monde, il aimait Joséphine et il sentait bien que Napoléon en la répudiant, allait s'éloigner davantage encore de son passé, passé qui était celui des idées saines, des desseins modérés, passé dans lequel étaient compris tous les hommes de la Révolution, et duquel Napoléon ne se séparait pas sans rompre aussi avec eux. Mais le parti de Napoléon était pris et rien ne pouvait le faire revenir sur sa détermination, il se sacrifiait, disait-il, aux intérêts suprêmes de la France et de l'Empire. Il manda aussi M. de Champagny et s'ouvrit à lui de la résolution grave qu'il venait de prendre. Napoléon ne voulait rien de ce qui pouvait ressembler à une répudiation, et n'admettait qu'une simple dissolution du lien conjugal, fondée sur le consentement mutuel, consentement fondé lui-même sur l'intérêt de l'Empire. Il fut convenu qu'après un conseil de famille, dans lequel l'archichancelier recevrait l'expression de la volonté des deux époux, un sénatus-

consulte rendu par le sénat, en forme solennelle, pro-
noncerait la dissolution du lien civil, et que dans ce
même acte le sort de Joséphine serait assuré magnifi-
quement.

Il n'y avait que deux difficultés à ces arrangements,
la première, c'était le consentement de Joséphine, la
seconde, la rupture du lien spirituel, qu'il fallait dissoudre aussi pour que le divorce fût complet et pour
permettre à l'Empereur de donner suite à ses projets
matrimoniaux. Après avoir beaucoup tergiversé, Napoléon coupa court à la situation qui était très tendue
entre lui et Joséphine, en lui disant brusquement qu'il
fallait songer à d'autres nœuds que ceux qui les unis-
saient, que le salut de l'Empire voulait enfin une
grande résolution de leur part, qu'il comptait sur son
courage et son dévouement pour consentir à un divorce,
auquel il avait lui-même la plus grande difficulté à se
résoudre. A peine ces terribles mots étaient-ils prononc-
cés que Joséphine fondit en larmes et tomba presque
évanouie. La reine Hortense, le prince Eugène mandés
par l'Empereur vinrent soutenir leur mère dans cette
cruelle épreuve, et, l'on peut le dire à leur éloge, faciliter son consentement. Après bien des larmes et bien
des supplications, la noble femme obéit aux ordres de
son maître. Le sacrifice étant fait, il fallait le rendre
irrévocable. Le 15 décembre fut le jour choisi pour
consommer la dissolution du lien civil, d'après les
formalités arrêtées avec l'archichancelier Cambacérès.

Le 15 au soir, toute la famille impériale se réunit

dans le cabinet de l'Empereur aux Tuileries. Etaient présents l'impératrice-mère, le roi et la reine de Hollande, le roi et la reine de Naples, le roi et la reine de Westphalie, la princesse Borghèse, le chancelier Cambacérès et le comte Regnaud de Saint-Jean d'Angely, ces deux derniers remplissant les fonctions d'officiers de l'Etat civil pour la famille impériale. Napoléon, debout, tenant par la main Joséphine qui était en pleurs, et ayant lui-même les larmes aux yeux, lut le discours suivant :

« Mon cousin le prince archichancelier, je vous ai expédié une lettre close en date de ce jour, pour vous ordonner de vous rendre dans mon cabinet, afin de vous faire connaître la résolution que moi et l'impératrice, ma très chère épouse, nous avons prise. J'ai été bien aise que les rois, reines et princesses, mes frères et sœurs, beaux-frères et belles-sœurs, ma belle-fille et mon beau-fils, devenu mon fils d'adoption, ainsi que ma mère fussent présents à ce que j'avais à vous faire connaitre.

La politique de ma monarchie, l'intérêt et le besoin de mes peuples, qui ont constamment guidé toutes mes actions, veulent qu'après moi, je laisse à des enfants, héritiers de mon amour pour mes peuples, ce trône où la Providence m'a placé. Cependant, depuis plusieurs années, j'ai perdu l'espérance d'avoir des enfants de mon mariage avec ma bien-aimée épouse l'impératrice Joséphine : c'est ce qui me porte à sacrifier les plus douces affections de mon cœur, à n'écouter que le bien de l'Etat, et à vouloir la dissolution de notre mariage.

Parvenu à l'âge de quarante ans, je puis concevoir l'espérance de vivre assez pour élever dans mon esprit et dans ma pensée les enfants qu'il plaira à la Providence de me donner. Dieu sait combien une pareille résolution a coûté à mon cœur ; mais il n'est aucun sacrifice qui soit au-dessus de mon courage, lorsqu'il m'est démontré qu'il est utile au bien de la France.

J'ai le besoin d'ajouter que loin d'avoir jamais eu à me plaindre, je n'ai eu au contraire qu'à me louer de l'attachement et de la tendresse de ma bien-aimée épouse. Elle a embelli quinze ans de ma vie; le souvenir en restera toujours gravé dans mon cœur. Elle a été couronnée de ma main , je veux qu'elle conserve le rang et le titre d'Impératrice, mais surtout qu'elle ne doute jamais de mes sentiments, et qu'elle me tienne toujours pour son meilleur et son plus cher ami. »

Napoléon ayant cessé de parler, Joséphine, tenant un papier dans ses mains, essaya de le lire. Mais les sanglots étouffant sa voix, elle le transmit à M. Regnaud, qui lut les paroles suivantes :

« Avec la permission de mon auguste et cher époux, je dois déclarer que, ne conservant aucun espoir d'avoir des enfants qui puissent satisfaire les besoins de sa politique et l'intérêt de la France, je me plais à lui donner la plus grande preuve d'attachement et de dévouement qui ait été donnée sur la terre. Je tiens tout de ses bontés, c'est sa main qui m'a couronnée, et, du haut de ce trône, je n'ai reçu que des témoignages d'affection et d'amour du peuple français.

Je crois reconnaître tous ces sentiments, en consentant à la dissolution d'un mariage, qui désormais est un obstacle au bien de la France, qui la prive du bonheur d'être un jour gouvernée par les descendants d'un grand homme, si évidemment suscité par la Providence pour effacer les maux d'une terrible révolution, et rétablir l'autel, le trône et l'ordre social. Mais la dissolution de mon mariage ne changera rien aux sentiments de mon cœur : l'Empereur aura toujours en moi sa meilleure amie. Je sais combien cet acte, commandé par la politique et par de si grands intérêts a froissé son cœur, mais l'un et l'autre nous sommes glorieux du sacrifice que nous faisons au bien de la patrie. »

Après ces paroles, Napoléon embrassant Joséphine, la conduisit chez elle, et l'y laissa presque évanouie dans les bras de ses enfants. Il se rendit immédiatement à la salle du conseil, où, conformément aux constitutions de l'Empire, un conseil privé était réuni pour rédiger le sénatus-consulte qui devait prononcer la dissolution du mariage de Napoléon et de Joséphine. Le sénatus-consulte rédigé dut être porté le lendemain au Sénat. (Thiers, *Le Consulat et l'Empire*, p. 349, t. XI).

Le sénat réuni par ordre de l'Empereur, s'assembla

pour recevoir la déclaration des deux augustes époux et statuer sur leur résolution. Le sénatus-consulte fut adopté séance tenante. Il prononçait la dissolution du mariage contracté entre l'empereur Napoléon et l'impératrice Joséphine, maintenait à celle-ci le rang d'Impératrice couronnée, lui attribuait un revenu de deux millions, et rendait obligatoires pour les successeurs de Napoléon les dispositions qu'il ferait en sa faveur sur la liste civile. Ces dispositions furent le don d'une pension annuelle d'un million payée par la liste civile indépendamment des deux millions payés par le Trésor de l'Etat, l'abandon en toute propriété des châteaux de Navarre, de la Malmaison, et d'une foule d'objets précieux.

Le lendemain 17 décembre 1809, toutes les pièces furent insérées au *Moniteur*, et la dissolution du mariage connue du public.

Restait à rompre le lien spirituel, et ce n'était certes pas le plus facile. Cambacérès avait été chargé de cette mission, afin de lever les scrupules des cours de religion catholique, si l'empereur était amené à épouser une princesse de cette religion.

Pour le lien spirituel ainsi que pour le lien civil, l'annulation du mariage fondée sur une raison de forme ou sur une raison de grand intérêt public, avait été préférée au divorce ordinaire, comme plus honorable pour Joséphine et plus conforme aux idées religieuses qui dominaient.

La résolution de se passer de l'intervention du Pape

avait également prévalu. Cambacérès fort expert en ces matières, et en général dans to.tes celles qui exigeaient du savoir, de la prudence et une grande fertilité d'expédients, réunit une commission de sept évêques, auxquels il soumit le cas dont il s'agissait. C'étaient l'évêque de Montefiascone (cardinal Maury), l'évêque de Parme, l'archevêque de Tours, l'évêque de Verceil, l'évêque d'Evreux, l'évêque de Trèves, l'évêque de Nantes. Ces savants hommes, après un examen approfondi, reconnurent que, si pour dissoudre un mariage régulier dans un grand intérêt d'Etat, la seule autorité compétente était le Pape, l'autorité de l'officialité diocésaine suffisait pour un mariage irrégulier, comme celui dont il s'agissait. Or, la cérémonie occulte qui avait été célébrée dans une chapelle des Tuileries, sans témoins, sans consentement suffisant des parties contractantes, ne pouvait, quoi qu'en dit le cardinal Fesch, constituer un mariage régulier. Il fallait donc en poursuivre l'annulation pour défaut de forme, devant l'officialité diocésaine en première instance, et devant l'autorité métropolitaine en seconde instance.

En conséquence de cet avis, une procédure canonique fut instruite sans bruit, à la requête de l'archichancelier, représentant de la famille impériale, pour parvenir à l'annulation du mariage religieux existant entre l'empereur Napoléon et l'impératrice Joséphine. On entendit des témoins. Ces témoins furent le cardinal Fesch; MM. de Talleyrand, Berthier et Duroc, le premier sur les formes observées, les trois autres sur la nature du consentement donné par lés parties. Le cardinal Fesch déclara s'être fait remettre par le Pape, des dispenses pour l'inobservance de certaines formes dans l'accomplissement de ses fonctions de grand aumônier, ce qui justifiait, suivant lui, l'absence de témoins et de curé. Quant au titre, il en affirmait l'existence, et par là rendait inutile la précaution qu'on avait prise de retirer des mains de Joséphine le certificat de mariage, qui lui avait été délivré par le cardinal Fesch, et que ses enfants avaient obtenu d'elle avec beaucoup de peine. MM. de Talleyrand, Berthier et Duroc affirmaient que Napoléon leur avait dit à plusieurs reprises n'avoir voulu consentir qu'à une pure cérémonie, pour rassurer la conscience de Joséphine et celle du Pape, mais que son intention formelle à toutes les époques avait été de ne point compléter son mariage avec l'Impératrice, ayant la malheureuse certitude d'être obligé bientôt de renoncer à elle, dans l'intérêt de son empire. Ces témoignages relataient des circonstances de détails qui ne laissaient aucun doute à ce sujet.

L'autorité ecclésiastique, tout examen fait, reconnut qu'il n'y avait pas consentement suffisant ; mais, par respect pour les parties, elle ne voulut point s'appuyer spécialement sur cette nullité. Elle s'attacha à d'autres nullités tout aussi importantes, et qui provenaient de ce qu'il n'y avait point eu de témoins, point de *propre prêtre*, c'est-à-dire pas de curé de la paroisse (seul ministre accrédité par le culte catholique pour donner authenticité au mariage religieux). Elle déclara que les dispenses accordées au cardinal Fesch comme grand aumônier, d'une manière générale, n'avaient pu lui conférer les fonctions curiales, et que dès lors le mariage était nul pour défaut des formes les plus essentielles. En conséquence, le mariage fut cassé devant les deux juridictions diocésaine et métropolitaine, c'est-à-dire en première et seconde instance, avec la décence convenable, et la pleine observance du droit canonique. (Thiers, op. citat. p. 354.)

Napoléon était libre définitivement. Trois mois après, le 2 avril 1810, il épousait l'archiduchesse Marie-Louise, fille de l'empereur d'Autriche. On ne peut s'empêcher de faire de singulières réflexions, si l'on rapproche le divorce de Napoléon de celui de Philippe-Auguste. Le roi de France luttant quinze ans pour être obligé de renoncer à ses projets après avoir fait mettre un royaume en interdit, l'empereur des Français obtenant son divorce en moins de deux mois et pouvant se remarier moins de six mois après avoir manifesté son désir de divorcer.

§ 4ᵉ. *De 1816 à 1884.*

Le retour des Bourbons amena naturellement une réaction tout à la fois politique et religieuse, religieuse surtout.

Le divorce était pour la dynastie de droit divin un scandale que des âmes catholiques ne pouvaient tolérer.

Après les Cent jours, M. de Bonald, dans la séance de la Chambre des députés du 14 décembre 1815, demanda : « Que sa Majesté soit suppliée d'ordonner que les articles du Code civil relatifs au divorce soient supprimés. »

La charte de 1814 avait déclaré la religion catholique, religion d'Etat : la demande de M. de Bonald était donc logique.

La question vint en discussion devant la Chambre le 26 décembre 1815 (*Archives parlementaires*, t. XV, p. 608 et suiv.) et, après la lecture d'un rapport de M. de Trinquelayne, rapporteur de la commission centrale, et un discours de M. de Bonald, auteur du projet, la proposition fut prise en considération. La commission se composait de MM. le vicomte de Rochefoucauld, Fornier de Saint-Lary, le baron de Coupigny, de Trinquelayne, le prince de Broglie, le comte Marcellus, Bacot et Pontet.

La discussion sur le fond s'ouvrit le 16 février 1816 (*Archives parlementaires*, t. XXI, pp. 192 et suiv.) par la lecture d'un nouveau rapport de M. de Trinquelayne, fait au nom d'une commission spéciale composée de MM. Chillaud de la Rigaudie, Chifflet, de Bonald, de Grosbois, Blondel d'Aubers, Piét, de Trinquelayne, Royer, le comte Planelli de la Vallette, chargés d'examiner la proposition.

Elle se continua dans la séance du 2 mars 1816, (*Archives parlementaires*, t. XVI, pp. 385 et suiv.), séance dans laquelle le projet fut adopté par 195 voix contre 22, après avoir été défendu par MM. Cardonnel et Blondel d'Aubers, et éloquemment combattu par M. Fornier de Saint-Lary dont le gouvernement d'alors jugea à propos de ne pas insérer le discours au *Moniteur*.

Adoptée par la Chambre des députés, la proposition fut présentée à la Chambre des pairs le 12 mars 1816 (*Archives parlementaires*, t. XVI, p. 490), y vint en discussion le 19 mars (*Archives parlementaires*, t. XVI, pp. 621 et suiv.) sur le rapport de M. de Lamoignon qui s'exprimait de la façon suivante, ne donnant pas en réalité les véritables motifs de la loi : « Depuis longtemps l'opinion publique a flétri le divorce. Il appartenait à un gouvernement qui ne veut s'appuyer que sur les bonnes mœurs de le faire entièrement disparaître de notre législation. Il est certain que le divorce est contraire à l'affection conjugale ; il est certain qu'il provoque l'inconstance, qu'il empêche de bien assortir les mariages, qu'il est souvent une source d'injustice et qu'enfin il est contraire au bonheur des époux, au bonheur des enfants, au bonheur des familles, aux bonnes mœurs et par conséquent à la population. » Séance du 25 avril 1816.— *Moniteur*, 26 avril 1816.) La proposition fut défendue par M. de la Luzerne, évêque de Langres et M. de Clermont-Tonnerre, évêque de Châlons, et fut définitivement adoptée.

La loi fut promulguée le 8 mai 1816.

Il est à remarquer que, si l'on en excepte les déclarations, les lieux communs sans valeur, un seul argument fut produit au cours de cette discussion : la religion catholique est la religion de l'Etat. La religion catholique prohibe le divorce. La loi civile ne saurait l'admettre.

« Si le mariage est indissoluble par nos institutions et par sa nature, disait M. de Trinquelayne, si la religion de l'Etat le déclare tel, et l'intérêt de la société exige qu'il le soit, comment la loi civile pourrait-elle l'admettre ? »

Et il poursuivait : « Pour nous, messieurs, qui avons conservé la foi de nos pères, et pour qui les merveilles de la création sont toujours de saintes vérités, les lois constitutives du mariage, ont une source bien plus noble ; elles dérivent de la divinité même. Voyez l'auteur de tous les êtres s'occupant, après avoir créé le roi de la nature, du soin de lui donner une compagne. »

» Il ne la tira pas du néant, dit le célèbre avocat-général Séguier, discutant la même question que nous agitons, il oublie, pour ainsi dire, qu'il peut créer. Il la prend dans la propre substance de l'homme et, satisfait de son ouvrage, il l'offre lui-même à celui pour qui il venait de la former.

» Le premier homme reçoit de la main de Dieu sa compagne, et, dans le transport de sa joie, cédant à une inspiration divine, il dicte à sa race la loi de cette ineffable union. L'homme quittera son père et sa mère pour s'attacher à son épouse ; elle s'appellera de son nom, et ces deux êtres confondus n'en feront plus qu'un. »

Et plus loin encore, formulant nettement sa pensée, il ajoutait :

« Aux yeux de cette religion sainte, le mariage n'est point un simple contrat naturel ou civil ; elle y intervient pour lui imprimer un caractère plus auguste. C'est son ministre qui, au nom du créateur du genre humain et pour le perpétuer, unit les époux, consacre leurs engagements. Le nœud qui se forme prend dans le sacrement une forme céleste, et chaque époux semble, à l'exemple du premier homme, recevoir sa compagne des mains de la divinité même.

» Une union formée par elle ne doit pas pouvoir être détruite par les hommes, et de là son indissolubilité religieuse.

» Si ce dogme n'est pas reconnu par toutes les Eglises chrétiennes, il l'est incontestablement par l'Eglise catholique ; et la religion de cette Eglise est celle de l'Etat ; elle est celle de l'immense majorité des Français.

» La loi civile qui permet le divorce est donc en opposition avec la loi religieuse.

» Or cette opposition ne doit pas exister ; car la loi civile empruntant sa plus grande force de la loi religieuse, il est contre sa nature d'induire les citoyens à la mépriser.

» Il faut donc, pour les concilier, que l'une des deux fléchisse, et mette ses dispositions en harmonie avec celles de l'autre.

Mais la loi religieuse appartient à un ordre de choses fixe, immuable, élevé au-dessus du pouvoir des hommes. La nature des lois humaines, dit Montesquieu, est d'être soumise à tous les accidents qui arrivent, et de varier à mesure que les volontés des hommes changent ; au contraire, la nature des lois de la religion est de ne varier jamais. C'est donc à la loi civile à céder, et l'interdiction du divorce prononcée par la loi religieuse doit être respectée par elle. »

On voit par ce discours qui était l'esprit même de la loi, que la loi de 1816 fut bien une loi de réaction religieuse, tenant à la nécessité de mettre la loi civile en harmonie avec le principe de la religion catholique reconnue religion d'Etat.

Le divorce étant supprimé, il ne restait plus debout que les six articles si insuffisants du Code civil sur la séparation de corps. Aussi le gouvernement s'empressa-t-il de rédiger deux projets de loi, l'un composé de trente-huit articles et formant un Code complet de la séparation de corps, et l'autre relatif aux divorces accomplis. La Chambre des pairs fut saisie de ces projets en 1816. Discutés, amendés et adoptés par elle, ils furent ensuite envoyés à la Chambre des députés ; ils n'en sortirent plus.

Lorsque la révolution de 1830 eut fait prévaloir de nouveau le principe de la souveraineté du peuple, déjà proclamé en 1789, et fait disparaître la religion de l'Etat, en mettant à la mode l'indifférence religieuse, on songea naturellement au divorce.

La loi abolitive avait à peine quinze années d'existence, lorsqu'en 1831 M. de Schonen demanda à la Chambre des députés le rétablissement du divorce. (*Moniteur*, 1831, p. 1352.) « Pour nous, disait l'auteur de la proposition, pour nous, hommes de la Révolution de Juillet, l'origine de la loi de 1816 et son but doivent suffire pour en provoquer dès aujourd'hui l'abrogation. »

La proposition de M. de Schonen était ainsi conçue :

Article premier. — La loi du 8 mai 1816, qui abolit le divorce, est rapportée.

Article deuxième. — Les dispositions du titre VI du livre Ier du Code civil reprennent, à dater de la promulgation de la présente loi, leur force et leur vertu.

Cette proposition fut prise en considération, dans la séance du 18 août 1831, après un discours de son auteur auquel personne ne répliqua. (*Moniteur*, 1831, p. 1426.) Elle revint devant la Chambre pour la discussion du fond dans les séances du 9 (*Moniteur*, 1831, pp. 2346 et suiv.), du 13. (*Moniteur*, 1831, pp. 2381 et suiv.), et du 14 décembre. (*Moniteur*, 1831, pp. 2390 et suiv.) Rejetée par la Chambre des Pairs qui était cléricale et qui avait subi l'influence directe de la Reine Marie-Amélie, la proposition fut reprise en 1832 par M. Bavout, qui la présenta à la Chambre en ces termes, dans la séance du 22 décembre. (*Moniteur*, 1832, p. 2217.)

Article unique. — Les dispositions du Code civil sur le divorce seront rétablies ; en conséquence, la loi du 8 mai 1816 est abrogée.

Elle fut prise en considération dans la séance du 29 décembre (*Moniteur*, 1832, pp. 2245 et suiv.), après un excellent discours de M. Bavout, auquel répondit M. Merlin, combattant la proposition.

Le projet rapporté par M. Odillon Barrot, fut discuté par la Chambre des députés dans les séances du 5 et du 23 mars 1833 (*Moniteur*, 1833, pp. 609, 610, 813 et 818), et adopté dans cette dernière séance.

De nouveau rejetée par la Chambre des Pairs, la proposition fut encore reprise par M. Bavout en 1833. M. de Schonen en fut nommé rapporteur, et le projet fut accepté sans discussion dans la séance du samedi 25 mai, par 174 voix contre 74, sur 248 votants (*Moniteur*, 1833, p. 482).

Mais la Chambre des Pairs ne voulut rien entendre et rejeta une troisième fois la proposition.

M. Bavout, avec une constance digne de plus de succès, la reprit une dernière fois en 1834, dans la séance du 24 janvier. (*Moniteur*, 1834, p. 153.) Prise en considération le 28 janvier (*Moniteur*, 1834, p. 182), elle fut renvoyée à l'examen d'une commission spéciale. M. Coulman, rapporteur de cette commission spéciale, lut son rapport dans la séance du 20 février

(*Moniteur*, 1834, p. 378). Les conclusions de ce rapport furent encore adoptées sans discussion, le 24 février 1834 par 191 voix contre 100 (*Moniteur*, 1834, p. 412). La Chambre des Pairs rejeta encore la proposition. (Naquet, op. citat. p. 202.)

En 1848 la question fut reprise par M. Crémieux, alors ministre de la justice, qui, au nom |du gouvernement, déposa le 26 mai 1848, sur le bureau de l'Assemblée Constituante, la proposition suivante (*Compte-rendu de l'Assemblée Constituante*, t. I, p. 469) :

Article premier. — « La loi du 8 mai 1816 est abrogée. En conséquence, les dispositions du titre VI du livre premier du Code Civil reprennent leur force à compter de la présentation de la présente loi.

Article deuxième. — L'article 310 du Code Civil est modifié comme il suit :

Tout jugement de séparation de corps devenu définitif depuis trois ans au moins, sera converti en jugement de divorce, sur la demande formée par l'un des époux sur requête et assignation à bref délai.

Le jugement qui prononcera le divorce sera rendu à l'audience.

L'époux condamné pour adultère n'est pas admis à réclamer le divorce. »

Ce projet fut renvoyé à l'examen d'une commission composée de MM. Victor Lefranc, Sauvaire, Barthélemy,

Baroche, Béchard, Desèze, Nachet, Gavarret, Girerd, Valette, Dupin, Bonjean, Lemonnyer, Charancey, Maurot, Bollanyé, de Larcy, Parieu, Conté et Laurent (de l'Ardèche). (*Moniteur*, 1848, p. 1221.)

Cette commission s'étant montrée défavorable au projet, celui-ci fut retiré dans la séance du 27 septembre (*Compte rendu de l'Assemblée Constituante*, t. II, p. 223) et ne vint pas même en discussion. (Naquet. op. citat. p. 203.)

Depuis cette époque jusqu'au 6 juin 1876, jour où M. Naquet a présenté sa proposition, il n'a plus été question de divorce dans les régions officielles ; mais la presse, la littérature, le théâtre se sont emparés de ce sujet. On a attribué à l'interdiction du divorce la décadence des mœurs françaises, pour faire ressortir ses avantages sur la séparation de corps ; on a répété sur tous les tons et sous toutes les formes le mot sinistre de M. Alexandre Dumas : « Tue-la ! »

C'est dans la séance de la Chambre des députés du 6 juin 1876 que M. Naquet déposa pour la première fois une proposition deloi tendant à rétablir le divorce.

Il n'est que juste de reconnaître, avec tous les orateurs qui ont pris part à la discussion, que c'est à sa persévérance, à son énergie, à son travail opiniâtre qu'est dû le résultat obtenu.

M. Naquet a fait précéder sa première proposition d'un exposé des motifs très étendu, très complet, contenant un résumé lumineux de la législation étrangère sur ce point et l'histoire du divorce en France, dans lequel il accumule les raisonnements de nature à démontrer l'utilité de sa proposition. On en trouvera le texte dans le *J. O.* du mois de juin 1876, n^os des 22 p. 4400, 23 p. 4434, 25 p. 4517, 26 p. 4540, 28 p. 4602. « Cette proposition qui s'inspirait des principes de 1792 bien plus que de ceux du Code civil, fut presque accueillie comme une excentricité, tant la question était peu mûre à ce moment-là. » (Naquet, Exposé des motifs de la proposition déposée le 11 novembre 1881, *J. O.*, 22 novembre 1881, Doc. parl., Chambre, p. 1704.) Sur le rapport de M. Constans, déposé le 4 décembre 1876 (*J. O.*, 10 décembre 1876, p. 9192), la Chambre des députés, dans la séance du 4 décembre 1876, refusa de prendre la proposition en considération.

M. Naquet ne se découragea pas et, dans la séance du 21 mai 1878 (*J. O.*, 1er juin 1878, p. 6055), il déposa une nouvelle proposition relative au divorce ; mais, sans doute afin d'en assurer le succès, il s'inspirait alors des dispositions du Code civil, bien plus que de celles de la loi du 20 septembre 1792. Malgré l'avis de la Commission d'initiative et le rapport, hostile à la proposition, déposé à la séance du 13 mars 1879, (*J. O.*, 29 mars 1879, p. 2655) par M. Hippolyte Faure, la Chambre, dans la séance du 27 mai 1879, prit la proposition en considération. Une Commission de onze membres fut nommée pour étudier la proposition et M. Léon Renault fut chargé par elle des fonctions de rapporteur. Un fort intéressant rapport dont les conclusions étaient favorables au rétablissement du divorce fut déposé par M. Léon Renault dans la séance du 15 janvier 1880 (*J. O.*, 31 janvier et 1er février 1880, Doc. parl., Chambre, p. 1097 et suiv., 1146 et suiv.). Les conclusions de ce rapport furent discutées à la Chambre dans les séances des 5, 7 et 8 février 1881 (*J. O.*, des 6, 8 et 9 février 1881, Débats parl., Chambre) et finalement la proposition fut repoussée dans la séance du 8 février 1881 par 247 voix contre 216, sur 463 votants.

M. Naquet déposa de nouveau sa proposition le 11 novembre 1881 (*J. O.*, 22 novembre 1881, Doc., parl., Chambre, p. 1704). M. de Marcère, au nom de la commission d'initiative parlementaire, déposa le 26 novembre 1881 (*J. O.*, 7 décembre 1881, Doc. parl. Chambre, p. 1837) un rapport sommaire favorable à la prise en considération qui fut votée le 10 décembre 1881. Le rapport définitif de la Commission chargée d'examiner la proposition Naquet fut déposé par M. de Marcère, alors député, aujourd'hui sénateur, à la séance de la Chambre du 14 mars 1882 (*J. O.*, 30 mars 1882, Doc. parl., Chambre p. 808). Les conclusions en furent discutées dans les séances des 6 et 8 mai 1882 (*J. O.* des 7 et 9 mai 1882, Débats parl.). La Chambre ayant décidé dans la séance du 8 mai 1882 qu'elle passerait à une seconde lecture de la proposition, un rapport supplémentaire fut déposé par M. de Marcère dans la séance du 27 mai 1882 (*J. O.*, 4 juin 1882, Doc. parl., Chambre, p. 1453). La Chambre procéda à la discussion en deuxième délibération dans les séances des 13, 15, 17 et 19 juin 1882 (*J. O.* des 14, 16, 18 et 20 juin 1882, Débats parl., Chambre) et adopta dans la séance du 19 juin, par 331 voix contre 138 sur 469 votants, une proposition de loi tendant à rétablir le divorce.

Cette proposition fut transmise au Sénat le 27 juin 1882 (*J. O.*, 2 juillet 1882, Doc. parl., Sénat, p. 343) et le 7 février 1884 (*J. O.*, 21 février 1884, Doc. parl., Sénat, p. 65), M. Emile Labiche déposait un rapport favorable en principe, au nom de la Commission chargée d'examiner la proposition. Après avoir discuté cette proposition en première délibération dans les séances des 26, 27, 29, 30, 31 mai, 5 et 7 juin 1884 (*J. O.* des 27, 28, 30, 31 mai, 1er, 6 et 8 juin 1884, Débats parl., Sénat), et en deuxième délibération dans les séances des 19, 20, 21, 24 et 25 juin 1884 (*J. O.* des 20, 21, 22, 24 et 25 juin 1884, Débats parl.), le Sénat l'adoptait avec modification dans sa séance du 24 juin 1884, par 153 voix contre 116, sur 269 votants. Transmise à la Chambre le 30 juin 1884 (*J. O.*, 1er juillet 1884, Débats parl., Chambre), la proposition amendée par le Sénat fut l'objet d'un rapport écrit de la part de M. Letellier qui fut lu et déposé par lui dans la séance du 8 juillet 1884 (*J. O.* du 9 juillet 1884, Débats parl., Chambre). Ce rapport, tout en critiquant certaines des modifications apportées par le Sénat à la proposition de loi, proposait néanmoins à la Chambre d'adopter le texte amendé par le Sénat.

Conformément à ces conclusions le texte voté par le Sénat fut adopté par la Chambre dans la séance du 19 juillet 1884, par 355 voix contre 115, sur 470 votants. (Coulon et Faivre, *Manuel formulaire du divorce*, 3e édit. p. 9.)

§ 5° *de 1884 à 1886.*

Au cours de la discussion au Sénat du projet qui est devenu la loi du 27 juillet 1884, M. Denormandie avait déposé à titre d'amendement un véritable contre-projet dans le but de simplifier la procédure par trop surannée établie par les articles 234 et suivants du Code civil. Sans doute, afin de ne pas retarder plus longtemps la promulgation de la loi, le Sénat refusa d'adopter les modifications proposées par M. Denormandie. Mais, dans la pratique, on ne tarda pas à reconnaître que les difficultés de la procédure prescrite par le Code civil constituaient un obstacle sérieux à la mise à exécution de la loi rétablissant le divorce.

Dans ces circonstances le garde des sceaux chargea la commission extra-parlementaire instituée pour l'étude de la révision du Code de procédure civile de préparer un projet de loi portant simplification de la procédure en matière de divorce. « Le but que s'est proposé la commission, a été de dégager la procédure d'embarras inutiles, de diminuer ainsi les charges des plaideurs, de simplifier des formes qui, actuellement, sans profit réel pour la justice, dérobent aux magistrats un temps précieux. » (Exposé des motifs.) Ce projet fut déposé au Sénat dans la séance du 11 juin 1885 (*J. O.*, Doc. parl., Sénat, p. 2998). Il fut l'objet de deux rapports de M. Labiche déposés les 8 juillet et 28 novembre 1885 (*J. O.*, Doc. parl., Sénat, p. 3525 et 6129). Il fut discuté en première délibération les 7, 10 et 12 décembre 1885. (*J. O.* des 8, 11 et 13 déc.) et en deuxième délibération les 22 et 24 décembre 1885. (*J. O.* des 23 et 25 déc.)

Le texte adopté par le Sénat dans la séance du 24 décembre 1885 fut transmis à la Chambre des députés le 4 février suivant. Sur le rapport favorable de M. Letellier, déposé le 23 mars 1886 (*J.O.*, Doc. parl., Chambre, p. 1455) la Chambre après avoir déclaré l'urgence, adopta par 331 voix contre 114 les articles et l'ensemble du projet dans la séance du 14 avril 1886 (*J. O.* du 15 avril).

L'abrogation de la loi du 8 mai 1816 a eu pour conséquence de rendre leur force obligatoire à toutes les dispositions législatives ayant trait au divorce, et qui se trouvent éparses dans nos différents Codes. Il est à remarquer que ces dispositions avaient été maintenues dans les textes, malgré la loi de 1816. Il semble qu'on les ait laissés à l'état latent et que l'on s'attendait à les voir revivre. (Premier rapport de M. Marcère, p. 37.)

Les dispositions relatives au divorce dans les articles de loi suivants sont donc remises en vigueur : Code civil, articles 386, 767, 1441, 1452, 1463, 1518. —

Code de procédure civile, articles 174, 187, 268, 1004. — Code de commerce, article 66. — Code d'instruction criminelle, articles 156, 322, § 5. — Tarif du 16 février 1807, articles 29, § 63 ; 79, § 3 ; 91, § 17 ; 92, § 27. Loi sur l'enregistrement du 22 frimaire an VII, article 68, § 6. — Loi du 28 avril 1816, article 45, n° 8 et article 49, n° 2.

Il importe de remarquer que ces deux dernières lois qui sont des lois fiscales, doivent être appliquées avec la modification de tarif résultant de l'article 4, loi du 28 février 1872 (Circul. du Direct. génér. de l'enregistrement du 26 septembre 1884.)

(Coulon et Faivre, op. cit., p. 5 et 6. 4e édition.)

DEUXIÈME PARTIE

LÉGISLATION DU DIVORCE EN FRANCE

CHAPITRE PREMIER

DROIT INTERMÉDIAIRE.

LOI DU 20 SEPTEMBRE 1792.

L'Assemblée nationale, considérant combien il importe de faire jouir les Français de la faculté du divorce, qui résulte de la liberté individuelle dont un engagement indissoluble serait la perte; considérant que déjà plusieurs époux n'ont pas attendu, pour jouir des avantages de la disposition constitutionnelle suivant laquelle le mariage n'est qu'un contrat civil, que la loi eût réglé les effets du divorce, décrète qu'il y a urgence.

L'Assemblée nationale, après avoir décrété l'urgence, décrète sur les causes, le mode et les effets du divorce, ce qui suit :

§ Ier. — *Des causes du Divorce.*

Article premier. — Le mariage se dissout par le divorce.

Art. 2. — Le divorce a lieu par le consentement mutuel des époux.

Art. 3. — L'un des époux peut faire prononcer le divorce sur la simple allégation d'incompatibilité d'humeur ou de caractère.

Art. 4. — Chacun des époux peut également faire prononcer le divorce sur des motifs déterminés, savoir : 1° sur la démence, la folie ou la fureur de l'un des époux ; 2° sur la condamnation de l'un d'eux à des peines afflictives ou infamantes ; 3° sur les crimes, sévices ou injures graves de l'un envers l'autre ; 4° sur le déréglement de mœurs notoire ; 5° sur l'abandon de la femme par le mari ou du mari par la femme, pendant deux ans au moins ; 6° sur l'absence de l'un d'eux sans nouvelles au moins pendant cinq ans ; 7° sur l'émigration dans les cas prévus par les lois, notamment par le décret du 8 avril 1792.

Art. 5. — Les époux maintenant séparés de corps par jugement exécuté, ou en dernier ressort, auront mutuellement la faculté de faire prononcer leur divorce.

Art. 6. — Toutes demandes et instances en séparation de corps non jugées sont éteintes et abolies : chacune des parties paye ses frais. Les jugements de séparation non exécutés ou attaqués par l'appel, demeurent comme non avenus ; le tout, sauf aux époux à recourir à la voie du divorce, aux termes de la présente loi.

Art. 7. — A l'avenir, aucune séparation de corps ne pourra être prononcée ; les époux ne pourront être désunis que par le divorce.

§ II. — *Modes du divorce. — Divorce par consentement mutuel.*

Article premier. — Le mari et la femme qui demanderont conjointement le divorce, seront tenus de convoquer une assemblée de six au moins des plus proches parents, ou d'amis, à défaut de parents ; trois des parents ou amis seront choisis par le mari, les trois autres seront choisis par la femme.

Art. 2. — L'assemblée sera convoquée à jour fixe et lieu convenu avec les parents ou amis : il y aura au moins un mois d'intervalle entre le jour de la convocation et celui de l'assemblée ; l'acte de convocation sera signifié par un huissier aux parents ou amis convoqués.

Art. 3. — Si au jour de la convocation un ou plusieurs des parents ou amis convoqués ne peuvent se trouver à l'assemblée, les époux les feront remplacer par d'autres parents ou amis.

Art. 4. — Les deux époux se présenteront en personne à l'assemblée, ils y exposeront qu'ils demandent le divorce. Les parents ou amis assemblés leur feront les observations et représentations qu'ils jugeront convenables ; si les époux persistent dans leur dessein, il sera dressé par un officier municipal, requis à cet effet, un acte contenant simplement que les parents et amis ont entendu les époux en assemblée dûment convoquée, et qu'ils n'ont pu les concilier : la minute de cet acte signée des membres de l'assemblée, des deux époux et de l'officier municipal, avec mention de ceux qui n'auront su ou pu signer, sera déposée au greffe de la municipalité, il en sera délivré expédition aux époux gratuitement, et sans droits d'enregistrement.

Art. 5. — Un mois au moins, et six mois au plus, après la date de l'acte énoncé dans l'article précédent, les époux pourront se présenter devant l'officier public, chargé de recevoir les actes de mariage, dans la municipalité où le mari a son domicile ; et, sur leur demande, cet officier public sera tenu de prononcer leur divorce sans entrer en connaissance de cause ; les parties et l'officier public se conformeront aux formes prescrites à ce sujet dans la loi sur les actes de naissances, mariages et décès.

Art. 6. — Après le délai de six mois, mentionné dans le précédent article, les époux ne pourront être admis au divorce, par consentement mutuel, qu'en observant de nouveau les mêmes délais et les mêmes formalités.

Art. 7. — En cas de minorité des époux ou de l'un d'eux, ou s'ils ont des enfants nés de leur mariage, les délais ci-dessus indiqués, d'un mois pour la convocation de l'assemblée de famille et d'un mois au moins après l'acte de non-conciliation, pour faire prononcer le divorce, seront doubles ; mais le délai fatal de six mois, après l'acte de non-conciliation, pour faire prononcer le divorce, restera le même.

*Mode du divorce, sur la demande d'un des époux, pour
simple cause d'incompatibilité.*

Art. 8. — Dans le cas où le divorce sera demandé par
l'un des époux contre l'autre, pour cause d'incompatibilité d'humeur ou de caractère, sans autre indication de
motifs, il convoquera une première assemblée de parents,
ou d'amis à défaut de parents, laquelle ne pourra avoir
lieu qu'un mois après la convocation.

Art. 9. — La convocation sera faite devant l'un des officiers municipaux du domicile du mari, en la maison
commune du lieu, aux jour et heure indiqués par cet officier ; l'acte en sera signifié à l'époux défendeur, avec la
déclaration des noms et demeures des parents ou amis,
au nombre de trois au moins, que l'époux demandeur
entend faire trouver à l'assemblée, et invitation à l'époux
défendeur de comparaître à l'assemblée et d'y faire trouver, de sa part, également trois, au moins, de ses parents
ou amis.

Art. 10. — L'époux, demandeur en divorce, sera tenu
de se présenter en personne à l'assemblée ; il entendra
ainsi que l'époux défendeur, s'il comparaît, les représentations des parents ou amis, à l'effet de les concilier ; si
la conciliation n'a pas lieu, l'assemblée se prorogera à
deux mois, et les époux y demeureront ajournés ; l'officier
municipal sera tenu de se retirer pendant les explications
et le débat de famille ; en cas de non-conciliation, il sera
rappelé dans l'assemblée pour en dresser acte, ainsi que
de la prorogation dans la forme prescrite par l'article 4 ci-
dessus ; expédition de cet acte sera délivrée à l'époux de-

mandeur qui sera tenu de le faire signifier à l'époux défendeur, si celui-ci n'a pas comparu à l'assemblée.

Art. 11. — A l'expiration des deux mois l'époux demandeur sera tenu de comparaître de nouveau en personne; si les représentations qui lui seront faites, ainsi qu'à son époux, s'il comparaît, ne peuvent encore les concilier, l'assemblée se prorogera à trois mois, et les époux y demeureront ajournés; il en sera dressé acte, et la signification en sera faite, s'il y a lieu, comme au cas de l'article précédent.

Art. 12. — Si, à la troisième séance de l'assemblée, à laquelle le provoquant sera également tenu de comparaître en personne, il ne peut être concilié, et persiste définitivement dans sa demande, acte en sera dressé; il lui en sera délivré expédition, qu'il fera signifier à l'époux défendeur.

Art. 13. — Si, aux première, seconde ou troisième assemblées, les parents ou amis indiqués par le demandeur en divorce ne peuvent s'y trouver, il pourra les faire remplacer par d'autres à son choix; l'époux défendeur pourra aussi faire remplacer à son choix les parents ou amis qu'il aura fait présenter aux premières assemblées, et enfin l'officier municipal lui-même, chargé de la rédaction des actes de ces assemblées, pourra, en cas d'empêchement, être remplacé par un de ses collègues.

Art. 14. — Huitaine au moins, ou au plus dans les six mois après la date du dernier acte de non-conciliation, l'époux provoquant pourra se présenter pour faire prononcer le divorce devant l'officier public chargé de recevoir les actes de mariage dans la municipalité où le mari a son domicile; il observera, ainsi que l'officier public, les for-

mes prescrites à ce sujet dans la loi sur les actes de naissance, mariage et décès : après les six mois, il ne pourra
y être admis qu'en observant de nouveau les mêmes formalités et les mêmes délais.

*Mode du divorce sur la demande d'un des époux pour cause
déterminée.*

Art. 15. — En cas de divorce demandé par l'un des
époux pour l'un des sept motifs déterminés, indiqués dans
l'article 4 du paragraphe 1ᵉʳ ci-dessus, ou pour cause de
séparation de corps, aux termes de l'article 5, il n'y aura
lieu à aucun délai d'épreuve.

Art. 16. — Si les motifs déterminés sont établis par des
jugements, comme dans les cas de séparation de corps ou
de condamnation à des peines afflictives ou infamantes, l'é-
poux qui demandera le divorce pourra se pourvoir directement pour le faire prononcer devant l'officier public chargé
de recevoir les actes de mariage dans la municipalité du
domicile du mari ; l'officier public ne pourra entrer en aucune connaissance de cause ; s'il s'élève devant lui des
contestations sur la nature ou la validité des jugements
représentés, il renverra les parties devant le tribunal de
district, qui statuera en dernier ressort et prononcera si
ces jugements suffisent pour autoriser le divorce.

Art. 17. — Dans le cas de divorce pour absence de cinq
ans sans nouvelles, l'époux qui le demandera pourra également se pourvoir directement devant l'officier public de
son domicile, lequel prononcera le divorce sur la présentation qui lui sera faite d'un acte de notoriété constatant
cette longue absence.

Art. 18. — A l'égard du divorce fondé sur les autres motifs déterminés, indiqués dans l'article 4 du paragraphe 1er ci-dessus, le demandeur sera tenu de se pourvoir devant des arbitres de famille en la forme prescrite dans le Code de l'ordre judiciaire pour les contestations d'entre mari et femme.

Art. 19. — Si, d'après la vérification des faits, les arbitres jugent la demande fondée, ils renverront le demandeur en divorce devant l'officier du domicile du mari pour faire prononcer le divorce.

Art. 20. — L'appel du jugement arbitral en suspendra l'exécution ; cet appel sera instruit sommairement et jugé dans le mois.

§ III. — *Effets du divorce par rapport aux époux.*

Art. 1er. — Les effets du divorce, par rapport à la personne des époux, sont de rendre au mari et à la femme leur entière indépendance, avec la faculté de contracter un nouveau mariage.

Art. 2. — Les époux divorcés peuvent se remarier ensemble. Ils ne pourront contracter avec d'autres un nouveau mariage qu'un an après le divorce, lorsqu'il a été prononcé sur consentement mutuel, ou pour simple cause d'incompatibilité d'humeur ou de caractère.

Art. 3. — Dans le cas où le divorce a été prononcé pour cause déterminée, la femme ne peut également contracter un nouveau mariage avec un autre que son premier mari, qu'un an après le divorce, si ce n'est qu'il soit fondé sur l'absence du mari depuis cinq ans sans nouvelles.

Art. 4. — De quelque manière que le divorce ait lieu, les époux divorcés seront réglés par rapport à la communauté de biens ou à la société d'acquêts qui a existé entre eux, soit par la loi, soit par la convention, comme si l'un d'eux était décédé.

Art. 5. — Il sera fait exception à l'article précédent pour le cas où le divorce aura été obtenu par le mari contre la femme pour l'un des motifs déterminés, énoncés dans l'article 4 du paragraphe 1er ci-dessus, autre que la démence, la folie ou la fureur ; la femme, en ce cas, sera privée de tous droits et bénéfices dans la communauté des biens ou société d'acquêts ; mais elle reprendra les biens qui y sont entrés de son côté.

Art. 6. — A l'égard des droits matrimoniaux emportant gains de survie, tels que douaire, augment de dot ou agencement, droit de viduité, droit de part dans les biens meubles ou immeubles du prédécédé, ils seront, dans tous les cas de divorce, éteints et sans effet. Il en sera de même des dons et avantages pour cause de mariage, que les époux ont pu se faire réciproquement ou l'un à l'autre, ou qui ont pu être faits à l'un d'eux par les père, mère ou autres parents de l'autre. Les dons mutuels, faits depuis le mariage et avant le divorce, resteront aussi comme non avenus et sans effet. Le tout, sauf les indemnités ou pensions énoncées dans les articles qui suivent.

Art. 7. — Dans le cas de divorce pour l'un des motifs déterminés, énoncés dans l'article 4 du paragraphe 1er ci-dessus, celui qui aura obtenu le divorce sera indemnisé de la perte des effets du mariage dissous et de ses gains de survie, dons et avantages, par une pension viagère, sur les biens de l'autre époux, laquelle sera réglée par des arbitres de famille, et courra du jour de la prononciation du divorce.

Art. 8. — Il sera également alloué par des arbitres de famille, dans tous les cas de divorce, une pension alimentaire à l'époux divorcé qui se trouvera dans le besoin, autant néanmoins que les biens de l'autre époux pourront la supporter, déduction faite de ses propres besoins.

Art. 9. — Les pensions d'indemnité ou alimentaires énoncées dans les articles précédents, seront éteintes si l'époux divorcé qui en jouit contracte un nouveau mariage.

Art. 10. — En cas de divorce pour cause de séparation de corps, les droits et intérêts des époux divorcés resteront réglés, comme ils l'ont été par les jugements de séparation et selon les lois existantes lors de ces jugements ou par les actes et transactions passés entre les parties.

Art. 11. — Tout acte de divorce sera sujet aux mêmes formalités d'enregistrement et publication que l'étaient les jugements de séparation, et le divorce ne produira à l'égard des créanciers des époux que les mêmes effets que produisaient les séparations de corps et de biens.

§ IV. — *Effets du divorce par rapport aux enfants.*

Art. 1er. — Dans le cas du divorce par consentement mutuel, ou sur la demande de l'un des époux pour simple cause d'incompatibilité d'humeur ou de caractère sans autre indication de motifs, les enfants nés du mariage seront confiés, savoir : les filles à la mère, les garçons âgés de moins de sept ans également à la mère, au-dessus de cet âge, ils seront remis et confiés au père ; et néanmoins le père et la mère pourront faire à ce sujet tel autre arrangement que bon leur semblera.

Art. 2. — Dans tous les cas de divorce pour cause déterminée, il sera réglé en assemblée de famille auquel des époux les enfants seront confiés.

Art. 3. — En cas de divorce pour cause de séparation de corps, les enfants resteront à ceux auxquels ils ont été confiés par jugement ou transaction, ou qui les ont à leur garde et confiance depuis plus d'un an ; s'il n'y a ni jugement ou transaction, ni possession annale, il sera réglé en assemblée de famille auquel du père ou de la mère séparés les enfants seront confiés.

Art. 4. — Si le mari ou la femme divorcé contractent un nouveau mariage, il sera également réglé en assemblée de famille si les enfants qui leur étaient confiés leur seront retirés et à qui ils seront remis.

Art. 5. — Soit que les enfants, garçons ou filles, soient confiés au père seul ou à la mère seule, soit à l'un et à l'autre, soit à des tierces personnes, le père et la mère ne seront pas moins obligés de contribuer aux frais de leur éducation et entretien ; ils y contribueront en proportion des facultés et revenus réels et insdustriels de chacun d'eux.

Art. 6. — La dissolution du mariage par divorce ne privera, dans aucun cas, les enfants nés de ce mariage des avantages qui leur étaient assurés par les lois ou par les conventions matrimoniales, mais le droit n'en sera ouvert à leur profit que comme il le serait si leurs père et mère n'avaient pas fait divorce.

Art. 7. — Les enfants conserveront leur droit de successibilité à leur père et à leur mère divorcés ; s'il survient à ces derniers d'autres enfants de mariages subséquents, les enfants des différents lits succéderont en concurrence et par égales portions.

Art. 8. — Les époux divorcés, ayant enfants, ne pourront en se remariant faire de plus grands avantages, pour cause de mariage, que ne le peuvent, selon les lois, les époux veufs qui se remarient ayant enfants.

Art. 9. — Les contestations relatives au droit des époux d'avoir un ou plusieurs de leurs enfants à leur charge et confiance ; celles relatives à l'éducation, aux droits et intérêts de ces enfants, seront portées devant des arbitres de famille, et les jugements rendus en cette matière seront, en cas d'appel, exécutés par provision.

Décret 8-14 *nivôse an* II (28 *décembre* 1793).

Art. 1er. — Les tribunaux de famille auxquels sont attribués les jugements des contestations entre maris et femmes, après le divorce, dans les cas prévus par les articles 7 et 8 du paragraphe III de la loi du 20 septembre 1792, sur le divorce, et dans les cas prévus par l'article 9 du paragraphe IV de la même loi, connaîtront aussi de celles relatives aux règlements des droits des époux dans leur communauté, et de leurs droits matrimoniaux emportant gain de survie.

Art. 2. — Ces tribunaux de famille seront obligés de

prononcer sur ces contestations dans le délai d'un mois après leur formation.

Les époux, ou l'un d'eux, pourront porter l'affaire soumise à la décision des arbitres de la famille, par devant le tribunal du district, si ces arbitres ont négligé de prononcer leur jugement pendant ce délai.

Art. 3. — Le mari divorcé peut se remarier immédiatement après le divorce ; l'épouse divorcée ne peut se remarier que dix mois après.

Art. 4. — S'il est constaté que le mari ait abandonné depuis dix mois son domicile et sa femme, celle-ci pourra contracter un nouveau mariage aussitôt après le divorce.

Décret du 4 floréal an II (25 avril 1794).

Art. 1ᵉʳ. — Lorsqu'il sera prouvé par un acte authentique ou de notoriété publique, que deux époux sont séparés de fait depuis plus de six mois, si l'un d'eux demande le divorce, il sera prononcé, sans aucun délai d'épreuve, conformément à l'article 17 du paragraphe II de la loi du 20 septembre 1792.

L'acte de notoriété publique sera donné par le conseil général de la commune ou par les comités civils de section sur l'attestation de six citoyens.

L'époux qui demandera le divorce, pourra, dans le cas d'une résidence de six mois dans une nouvelle commune, faire citer l'autre par devant l'officier public de ce nouveau domicile.

La citation sera donnée à la personne de l'époux défendeur ou au dernier domicile commun, chez l'agent national, qui sera tenu de l'afficher pendant une décade, à la porte de la maison commune.

Art. 2. — S'il est constaté par acte authentique ou de notoriété publique que la séparation des époux a lieu par l'abandon fait par l'un d'eux du domicile commun, sans donner de ses nouvelles, l'époux abandonné pourra obtenir son divorce sur la seule présentation de l'acte authentique ou de notoriété, six mois après cet abandon et sans avoir besoin d'appeler l'époux absent.

Art. 3. — Dans les cas prévus par les deux articles précédents, les époux se pourvoiront dans la forme ordinaire, tant pour le règlement de leurs droits, que pour ce qui concerne l'éducation et l'intérêt de leurs enfants.

Art. 4. — Les femmes des défenseurs de la patrie et des fonctionnaires éloignés de leur domicile pour le service de la République, ne pourront néanmoins, pendant l'absence de leur mari, demander le divorce que par devant l'officier public de leur dernier domicile commun, ou par devant celui de la résidence actuelle de leur mari.

Elles ne pourront réclamer pendant son absence que ce qu'elles ont apporté en mariage, et tous les règlements qu'elles feront faire de leurs droits ne seront que provisoires jusqu'au retour de leur mari.

Art. 5. — Tous les officiers municipaux qui ne voudront pas recevoir une action en divorce, ou qui refuseront de le prononcer dans les cas prévus par les articles 1 et 2 ci-dessus, seront destitués et pourront être condamnés à des *dommages et intérêts* envers les parties, sans préjudice des peines portées par l'article 8 de la section V de la loi du 14 frimaire, qui leur seront appliquées, s'il y a lieu.

Art. 6. — Le divorce ne pourra être attaqué par la voie de l'appel. S'il a été prononcé avant l'accomplissement des délais, on pourra le faire prononcer de nouveau après leur expiration.

Art. 7. — La femme divorcée peut se remarier aussitôt qu'il sera prouvé par un acte de notoriété publique qu'il y a dix mois qu'elle est séparée de fait de son mari.

Celle qui accouche après son divorce est dispensée d'attendre ce délai.

Art. 8. — Les divorces qui ont été effectués en vertu du principe que le mariage n'est qu'un contrat civil, et qui ont été constatés par des déclarations authentiques faites par devant des officiers municipaux, des juges de paix ou des notaires, depuis la déclaration de ce principe et avant la promulgation de la loi du 20 septembre 1792, sont confirmés. »

DÉCRET *du 24 vendémiaire, an III (15 octobre 1794).*

La Convention décrète que celui qui, poursuivant le divorce, établira, par un acte authentique ou de notoriété publique, que son époux est émigré ou qu'il est résidant en pays étranger ou dans les colonies, sera dispensé de l'assigner au dernier domicile ; et le divorce sera prononcé sans aucune citation.

Loi *du 15 thermidor an III, (2 août 1795).*

Art. 1er. — L'exécution des lois des 8 nivôse et 4 floréal an II, relatives au divorce, demeure suspendue à compter de ce jour.

Art. 2. — Le comité de législation est chargé de réviser toutes les lois concernant le divorce, et de présenter, dans le délai d'une décade, le résultat de son travail.

Loi *du 1er jour complémentaire an* V (*17 septembre 1797*).

Art. 1er — Dans toutes les demandes en divorce qui ont été ou seront formées sur simple allégation d'incompatibilité d'humeur et de caractère, l'officier public ne pourra prononcer le divorce que six mois après la date du dernier des trois actes de non-conciliation exigés par les art. 8. 10 et 11 de la loi du 20 septembre 1792.

Art. 2. — A l'égard des demandes en divorce formées pour la cause ci-dessus, après lesquelles les trois actes de non conciliation auront eu lieu, l'officier public ne pourra prononcer le divorce que six mois après la publication de la présente.

Loi RELATIVE A LA CÉLÉBRATION DES DECADI, *du 13 fructidor an* VI (30 *août* 1798).

Art. 5. — Le décadi, il est donné connaissance aux citoyens, des naissances et décès, ainsi que des actes ou jugements portant reconnaissance d'enfants nés hors mariage, des actes d'adoption et des divorces qui ont eu lieu durant la décade.

A cet effet chaque agent municipal ou officier public remettra ou fera parvenir au président de l'administration municipale, la notice des actes ci-dessus énoncés qu'il aura reçus pendant la décade. Le secrétaire en donnera récépissé.

CHAPITRE DEUXIÈME

CODE CIVIL

TITRE VI

CHAPITRE PREMIER

DES CAUSES DU DIVORCE

229. — Le mari pourra demander le divorce pour cause d'adultère de sa femme.

230. — La femme pourra demander le divorce pour cause d'adultère de son mari, lorsqu'il aura tenu sa concubine dans la maison commune.

231. — Les époux pourront réciproquement demander le divorce pour excès, sévices ou injures graves de l'un d'eux envers l'autre.

232. — La condamnation de l'un des époux à une peine infamante sera pour l'autre époux une cause de divorce.

233. — Le consentement mutuel et persévérant des époux, exprimé de la manière prescrite par la loi, sous les conditions et après les épreuves qu'elle détermine, prouvera suffisamment que la vie commune leur est insupportable et qu'il existe, par rapport à eux, une cause péremptoire de divorce.

CHAPITRE DEUXIÈME

DU DIVORCE POUR CAUSE DÉTERMINÉE

Section I. — Des formes du Divorce pour cause déterminée.

234. — Quelle que soit la nature des faits ou des délits qui donneront lieu à la demande en divorce pour cause déterminée, cette demande ne pourra être formée qu'au tribunal de l'arrondissement dans lequel les époux auront leur domicile.

235. — Si quelques-uns des faits allégués par l'époux demandeur donnent lieu à une poursuite criminelle de la part du ministère public, l'action en divorce restera suspendue jusqu'à l'arrêt de la cour d'assises ; alors elle pourra être reprise, sans qu'il soit permis d'inférer de l'arrêt aucune fin de non recevoir ou exception préjudicielle contre l'époux demandeur.

236. — Toute demande en divorce détaillera les faits :

elle sera remise, avec les pièces à l'appui, s'il y en a, au président du tribunal ou au juge qui en fera les fonctions, par l'époux demandeur en personne, à moins qu'il n'en soit empêché par maladie, auquel cas, sur sa réquisition et le certificat de deux docteurs en médecine ou en chirurgie, ou de deux officiers de santé, le magistrat se transportera au domicile du demandeur, pour y recevoir sa demande.

237. — Le juge, après avoir entendu le demandeur, et lui avoir fait les observations qu'il croira convenables, paraphera la demande et les pièces, et dressera procès-verbal de la remise du tout en ses mains. Ce procès-verbal sera signé par le juge et par le demandeur, à moins que celui-ci ne sache ou ne puisse signer; auquel cas il en sera fait mention.

238. — Le juge ordonnera, au bas de son procès-verbal, que les parties comparaîtront en personne devant lui au jour et à l'heure qu'il indiquera : et qu'à cet effet, copie de son ordonnance sera par lui adressée à la partie contre laquelle le divorce est demandé.

239. — Au jour indiqué, le juge fera aux deux époux, s'ils se présentent, ou au demandeur, s'il est seul comparant, les représentations qu'il croira propres à opérer un rapprochement : s'il ne peut y parvenir, il en dressera procès-verbal et ordonnera la communication de la demande et des pièces au ministère public, et le référé du tout au tribunal.

240. — Dans les trois jours qui suivront, le tribunal, sur le rapport du président ou du juge qui en aura fait les fonctions, et sur les conclusions du ministère public, accordera ou suspendra la permission de citer.

La suspension ne pourra excéder le terme de vingt jours.

241. — Le demandeur, en vertu de la permission du tribunal, fera citer le défendeur, dans la forme ordinaire à comparaître en personne à l'audience, à huis clos, dans le délai de la loi ; il fera donner copie, en tête de la citation, de la demande en divorce et des pièces produites à l'appui.

242. — A l'échéance du délai, soit que le défendeur comparaisse ou non, le demandeur en personne, assisté d'un conseil, s'il le juge à propos, exposera ou fera exposer les motifs de sa demande ; il représentera les pièces qui l'appuient et nommera les témoins qu'il se propose de faire entendre.

243. — Si le défendeur comparaît en personne ou par un fondé de pouvoir, il pourra proposer ou faire proposer ses observations, tant sur les motifs de la demande que sur les pièces produites par le demandeur et sur les témoins par lui nommés. Le défendeur nommera, de son côté, les témoins qu'il se propose de faire entendre, et sur lesquels le demandeur fera réciproquement ses observations.

244. — Il sera dressé procès-verbal des comparutions, dires et observations des parties, ainsi que des aveux que l'une ou l'autre pourra faire. Lecture de ce procès-verbal sera donnée aux dites parties, qui seront requises de le signer ; et il sera fait mention expresse de leur signature, ou de leur déclaration de ne pouvoir ou ne vouloir signer.

245. — Le tribunal renverra les parties à l'audience publique, dont il fixera le jour et l'heure ; il ordonnera la communication de la procédure au ministère public et commettra un rapporteur. Dans le cas où le défendeur n'aurait pas comparu, le demandeur sera tenu de lui faire

signifier l'ordonnance du tribunal dans le délai qu'elle aura déterminé.

246. — Au jour et à l'heure indiqués, sur le rapport du juge commis, le ministère public entendu, le tribunal statuera d'abord sur les fins de non-recevoir, s'il en a été proposé. En cas qu'elles soient trouvées concluantes, la demande en divorce sera rejetée ; dans le cas contraire, ou s'il n'a pas été proposé de fins de non-recevoir, la demande en divorce sera admise.

247. — Immédiatement après l'admission de la demande en divorce, sur le rapport du juge commis, le ministère public entendu, le tribunal statuera au fond. Il fera droit à la demande, si elle lui paraît en état d'être jugée ; sinon, il admettra le demandeur à la preuve des faits pertinents par lui allégués, et le défendeur à la preuve contraire.

248. — A chaque acte de la cause, les parties pourront, après le rapport du juge, et avant que le ministère public ait pris la parole, proposer ou faire proposer leurs moyens respectifs, d'abord sur les fins de non-recevoir, et ensuite sur le fond ; mais en aucun cas le conseil du demandeur ne sera admis, si le demandeur n'est pas comparant en personne.

249. — Aussitôt après la prononciation du jugement qui ordonnera les enquêtes, le greffier du tribunal donnera lecture de la partie du procès-verbal qui contient la nomination déjà faite des témoins que les parties se proposent de faire entendre. Elles seront averties par le président qu'elles peuvent encore en désigner d'autres, mais qu'après ce moment elles n'y seront plus reçues.

250. — Les parties proposeront de suite leurs reproches respectifs contre les témoins qu'elles voudront écarter. Le

tribunal statuera sur ces reproches, après avoir entendu le ministère public.

251. — Les parents des parties, à l'exception de leurs enfants et descendants, ne sont pas reprochables du chef de la parenté, non plus que les domestiques des époux, en raison de cette qualité ; mais le tribunal aura tel égard que de raison aux dépositions des parents et des domestiques.

252. — Tout jugement qui admettra une preuve testimoniale, dénommera les témoins qui seront entendus, et déterminera le jour et l'heure auxquels les parties devront les présenter.

253 — Les dépositions des témoins seront reçues par le tribunal séant à huis clos, en présence du ministère public, des parties et de leurs conseils ou amis, jusqu'au nombre de trois de chaque côté.

254. — Les parties, par elles ou par leurs conseils, pourront faire aux témoins telles observations et interpellations qu'elles jugeront à propos, sans pouvoir néanmoins les interrompre dans le cours de leurs dépositions.

255. — Chaque déposition sera rédigée par écrit, ainsi que les dires et observations auxquels elle aura donné lieu.

Le procès-verbal d'enquête sera lu tant aux témoins qu'aux parties ; les uns et les autres seront requis de le signer ; et il sera fait mention de leur signature ou de leur déclaration qu'ils ne peuvent ou veulent signer.

256. — Après la clôture des deux enquêtes ou de celle du demandeur, si le défendeur n'a pas produit de témoins, le tribunal renverra les parties à l'audience publique, dont il indiquera le jour et l'heure ; il ordonnera la communication de la procédure au ministère public, et commettra un rapporteur. Cette ordonnance sera signifiée au

défendeur, à la requête du demandeur, dans le délai qu'elle aura déterminé.

257. — Au jour fixé par le règlement définitif, le rapport sera fait par le juge commis : les parties pourront ensuite faire, par elles-mêmes ou par l'organe de leurs conseils, telles observations qu'elles jugeront utiles à leur cause : après quoi le ministère public donnera ses conclusions.

258. — Le jugement définitif sera prononcé publiquement : lorsqu'il admettra le divorce, le demandeur sera autorisé à se retirer devant l'officier de l'état civil pour le faire prononcer.

259. — Lorsque la demande en divorce aura été formée pour cause d'excès, de sévices ou d'injures graves, encore qu'elle soit bien établie, les juges pourront ne pas admettre immédiatement le divorce. Dans ce cas, avant de faire droit, ils autoriseront la femme à quitter la compagnie de son mari, sans être tenue de le recevoir, si elle ne le juge à propos ; et ils condamneront le mari à lui payer une pension alimentaire proportionnée à ses facultés, si la femme n'a pas elle-même des revenus suffisants pour fournir à ses besoins.

260. — Après une année d'épreuves, si les parties ne sont pas réunies, l'époux demandeur pourra faire citer l'autre époux à comparaître au tribunal dans les délais de la loi, pour y entendre prononcer le jugement définitif, qui pour lors admettra le divorce.

261. — Lorsque le divorce sera demandé par la raison qu'un des époux est condamné à une peine infamante, les seules formalités à observer consisteront à présenter au tribunal de première instance une expédition en bonne forme du

jugement de condamnation, avec un certificat de la cour d'assises, portant que ce même jugement n'est pas susceptible d'être réformé par aucune voie légale.

262. — En cas d'appel du jugement d'admission, ou du jugement définitif, rendu par le tribunal de première instance en matière de divorce, la cause sera instruite et jugée par la cour d'appel comme affaire urgente.

263. — L'appel ne sera recevable qu'autant qu'il aura été interjeté dans les trois mois à compter du jour de la signification du jugement rendu contradictoirement ou par défaut. — Le délai pour se pourvoir à la cour de cassation contre un jugement en dernier ressort, sera aussi de trois mois à compter de la signifiaation. Le pourvoi sera suspensif.

264. — En vertu de tout jugement rendu en dernier ressort ou passé en force de chose jugée, qui autorisera le divorce, l'époux qui l'aura obtenu sera obligé de se présenter, dans le délai de deux mois, devant l'officier de l'état civil, l'autre partie dûment appelée, pour faire prononcer le divorce.

265. — Ces deux mois ne commenceront à courir, à l'égard des jugements de première instance, qu'après l'expiration du délai d'appel; à l'égard des arrêts rendus par défaut en cause d'appel, qu'après l'expiration du délai d'opposition ; à l'égard des jugements contradictoires en dernier ressort, qu'après l'expiration du délai du pourvoi en cassation.

266. — L'époux demandeur qui aura laissé passer le délai de deux mois ci-dessus déterminé, sans appeler l'autre époux devant l'officier de l'état civil, sera déchu du bénéfice du jugement qu'il avait obtenu, et ne pourra re-

prendre son action en divorce, sinon pour cause nouvelle ; auquel cas il pourra néanmoins faire valoir les anciennes causes.

Section II. — Des mesures provisoires auxquelles peut donner lieu la demande en divorce pour cause déterminée.

267. — L'administration provisoire des enfants restera au mari demandeur ou défendeur en divorce, à moins qu'il n'en soit autrement ordonné par le tribunal, sur la demande, soit de la mère, soit de la famille, ou du ministère public, pour le plus grand avantage des enfants.

268. — La femme demanderesse ou défenderesse en divorce, pourra quitter le domicile du mari pendant la poursuite, et demander une pension alimentaire proportionnée aux facultés du mari. Le tribunal indiquera la maison dans laquelle la femme sera tenue de résider, et fixera, s'il y a lieu, la provision alimentaire que le mari sera obligé de lui payer.

269. — La femme sera tenue de justifier de sa résidence dans la maison indiquée, toutes les fois qu'elle en sera requise : à défaut de cette justification, le mari pourra refuser la provision alimentaire, et, si la femme est demanderesse en divorce, la faire déclarer non recevable à continuer ses poursuites.

270. — La femme commune en biens, demanderesse ou défenderesse en divorce, pourra en tout état de cause, à partir de la date de l'ordonnance dont il est fait mention en l'article 238, requérir pour la conservation de ses droits l'apposition des scellés sur les effets mobiliers de la communauté. Ces scellés ne seront levés qu'en faisant inventaire avec prisée et à la charge par le mari de représenter les choses inventoriées, ou de répondre de leur valeur comme gardien judiciaire.

271. — Toute obligation contractée par le mari à la charge de la communauté, toute aliénation par lui faite des immeubles qui en dépendent, postérieurement à la date de l'ordonnance dont il est fait mention à l'article 238, sera déclarée nulle, s'il est prouvé d'ailleurs qu'elle ait été faite ou contractée en fraude des droits de la femme.

Section III. — Des fins de non-recevoir contre l'action en divorce pour cause déterminée.

272. — L'action en divorce sera éteinte par la réconciliation des époux, survenue, soit depuis les faits qui auraient pu autoriser cette action, soit depuis la demande en divorce.

273. — Dans l'un et dans l'autre cas, le demandeur sera déclaré non recevable dans son action ; il pourra néanmoins en intenter une nouvelle pour cause survenue depuis la réconciliation, et alors faire usage des anciennes causes pour appuyer sa nouvelle demande.

274. — Si le demandeur en divorce nie qu'il y ait eu réconciliation, le défendeur en fera preuve, soit par écrit, soit par témoins, dans la forme prescrite en la première section du présent chapitre.

CHAPITRE TROISIÈME

DU DIVORCE PAR CONSENTEMENT MUTUEL

275. — Le consentement mutuel des époux ne sera point admis, si le mari a moins de vingt-cinq ans, ou si la femme est mineure de vingt et un ans.

276. — Le consentement mutuel ne sera admis qu'après deux ans de mariage.

277. — Il ne pourra plus l'être après vingt ans de mariage, ni lorsque la femme aura quarante-cinq ans.

278. — Dans aucun cas, le consentement mutuel des époux ne suffira, s'il n'est autorisé par leurs pères et mères, ou par leurs autres ascendants vivants, suivant les règles prescrites par l'art. 150, au titre DU MARIAGE.

279. — Les époux déterminés à opérer le divorce par consentement mutuel seront tenus de faire préalablement inventaire et estimation de tous leurs biens meubles et immeubles, et de régler leurs droits respectifs, sur lesquels il leur sera néanmoins libre de transiger.

280. — Ils seront pareillement tenus de constater par écrit leur convention sur les trois points qui suivent : 1° à qui les enfants nés de leur union seront confiés, soit pendant le temps des épreuves, soit après le divorce prononcé ; — 2° dans quelle maison la femme devra se retirer et résider pendant le temps des épreuves ; — 3° quelle

somme le mari devra payer à sa femme pendant le même temps, si elle n'a pas de revenus suffisants pour fournir à ses besoins.

281. — Les époux se présenteront ensemble, et en personne, devant le président du tribunal civil de leur arrondissement, ou devant le juge qui en fera les fonctions, et lui feront la déclaration de leur volonté, en présence de deux notaires amenés par eux.

282. — Le juge fera aux deux époux réunis, et à chacun d'eux en particulier, en présence des deux notaires, telles représentations et exhortations qu'il croira convenables ; il leur donnera lecture du chapitre IV du présent titre, qui règle les *effets du divorce*, et leur développera toutes les conséquences de leur démarche.

283. — Si les époux persistent dans leur résolution, il leur sera donné acte par le juge de ce qu'ils demandent le divorce, et y consentent mutuellement, et ils seront tenus de produire et déposer à l'instant, entre les mains des notaires, outre les actes mentionnés aux articles 279 et 280 : — 1° les actes de leur naissance et celui de leur mariage ; — 2° les actes de naissance et de décès de tous les enfants nés de leur union ; — 3° la déclaration authentique de leurs pères et mères ou autres ascendants vivants, portant que, pour les causes à eux connues, ils autorisent tel *ou* telle, leurs fils *ou* fille, petit-fils *ou* petite-fille, marié *ou* mariée à tel *ou* telle, à demander le divorce et à y consentir. Les pères, mères, aïeuls et aïeules des époux seront présumés vivants jusqu'à la représentation des actes constatant leur décès.

284 — Les notaires dresseront procès-verbal détaillé de tout ce qui aura été dit et fait en exécution des articles

précédents ; la minute en restera au plus âgé des deux
notaires, ainsi que les pièces produites, qui demeureront
annexées au procès-verbal, dans lequel il sera fait mention de l'avertissement qui sera donné à la femme de se
retirer, dans les vingt-quatre heures, dans la maison con-
venue entre elle et son mari, et d'y résider jusqu'au divorce prononcé.

285. — La déclaration ainsi faite sera renouvelée dans
la première quinzaine de chacun des quatrième, septième
et dixième mois qui suivront, en observant les mêmes formalités. Les parties seront obligées à rapporter chaque
fois la preuve, par acte public, que leurs pères, mères ou
autres ascendants vivants, persistent dans leur première
détermination, mais elles ne seront tenues à répéter la
reproduction d'aucun autre acte.

286. — Dans la quinzaine du jour où sera révolue l'année, à compter de la première déclaration, les époux
assistés chacun de deux amis, personnes notables dans
l'arrondissement, âgés de cinquante ans au moins, se
présenteront ensemble et en personne devant le président
du tribunal ou juge qui en fera les fonctions ; ils lui
remettront les expéditions en bonne forme des quatre
procès-verbaux contenant leur consentement mutuel, et
de tous les actes qui y auront été annexés, et requerront
du magistrat, chacun séparément, en présence néanmoins
l'un de l'autre et des quatre notables, l'admission du divorce.

287. — Après que le juge et les assistants auront fait
leurs observations aux époux, s'ils persévèrent, il leur
sera donné acte de leur réquisition et de la remise par
eux faite des pièces à l'appui : le greffier du tribunal dres-

sera procès-verbal, qui sera signé tant par les parties (à moins qu'elles ne déclarent ne savoir ou ne pouvoir signer, auquel cas il en sera fait mention), que par les quatre assistants, le juge et le greffier.

288. — Le juge mettra de suite, au bas de ce procès-verbal, son ordonnance, portant que, dans les trois jours, il sera par lui référé de tout au tribunal en la chambre du conseil, sur les conclusions par écrit du ministère public, auquel les pièces seront, à cet effet, communiquées par le greffier.

289. — Si le ministère public trouve dans les pièces la preuve que les deux époux étaient âgés, le mari de vingt-cinq ans, la femme de vingt et un ans, lorsqu'ils ont fait leur première déclaration ; qu'à cette époque ils étaient mariés depuis deux ans, que le mariage ne remontait pas à plus de vingt, que la femme avait moins de quarante-cinq ans, que le consentement mutuel a été exprimé quatre fois dans le cours de l'année, après les préalables ci-dessus prescrits et avec toutes les formalités requises par le présent chapitre, notamment avec l'autorisation des pères et mères des époux, ou avec celle de leurs autres ascendants vivants, en cas de prédécès des pères et mères, il donnera ses conclusions en ces termes : *La loi permet*. Dans le cas contraire, ses conclusions seront en ces termes : *La loi empêche*.

290. — Le tribunal, sur le référé, ne pourra faire d'autres vérifications que celles indiquées par l'article précédent. S'il en résulte que, dans l'opinion du tribunal, les parties ont satisfait aux conditions et rempli les formalités déterminées par la loi, il admettra le divorce et renverra les parties devant l'officier de l'état civil, pour le

faire prononcer ; dans le cas contraire, le tribunal déclarera qu'il n'y a pas lieu à admettre le divorce et déduira les motifs de la décision.

291. — L'appel du jugement qui aurait déclaré ne pas y avoir lieu à admettre le divorce, ne sera recevable qu'autant qu'il sera interjeté par les deux parties, et néanmoins par actes séparés, dans les dix jours au plus tôt, et au plus tard dans les vingt jours de la date du jugement de première instance.

292. — Les actes d'appel seront réciproquement signifiés tant à l'autre époux qu'au ministère public près le tribunal de première instance.

293. — Dans les dix jours, à compter de la signification qui lui aura été faite du second acte d'appel, le ministère public près le tribunal de première instance fera passer au procureur général près la cour d'appel l'expédition du jugement, et les pièces sur lesquelles il est intervenu. Le procureur général près la cour d'appel donnera ses conclusions par écrit, dans les dix jours qui suivront la réception des pièces : le président, ou le juge qui le suppléera, fera son rapport à la cour d'appel, en la chambre du conseil, et il sera statué définitivement dans les dix jours qui suivront la remise des conclusions du procureur général.

294. — En vertu de l'arrêt qui admettra le divorce, et dans les vingt jours de sa date, les parties se présenteront ensemble et en personne devant l'officier de l'état civil, pour faire prononcer le divorce ; ce délai passé le jugement demeurera comme non avenu.

CHAPITRE QUATRIÈME

DES EFFETS DU DIVORCE

295. — Les époux qui divorceront pour quelque cause que ce soit ne pourront plus se réunir.

296. — Dans le cas de divorce prononcé pour cause déterminée, la femme divorcée ne pourra se remarier que dix mois après le divorce prononcé.

297. — Dans le cas du divorce par consentement mutuel, aucun des deux époux ne pourra contracter un nouveau mariage que trois ans après la prononciation du divorce.

298. — Dans le cas de divorce admis en justice pour cause d'adultère, l'époux coupable ne pourra jamais se marier avec son complice. La femme adultère sera condamnée par le même jugement, et sur la réquisition du ministère public, à la réclusion dans une maison de correction, pour un temps déterminé, qui ne pourra être moindre de trois mois, ni excéder deux années.

299. — Pour quelque cause que le divorce ait lieu, hors le cas du consentement mutuel, l'époux contre lequel le divorce aura été admis perdra tous les avantages que l'autre époux lui avait faits, soit par leur contrat de mariage, soit depuis le mariage contracté.

300. — L'époux qui aura obtenu le divorce conservera

les avantages à lui faits par l'autre époux, encore qu'ils aient été stipulés réciproques et que la réciprocité n'ait pas lieu.

301. — Si les époux ne s'étaient fait aucun avantage, ou si ceux stipulés ne paraissaient pas suffisants pour assurer la subsistance de l'époux qui a obtenu le divorce, le tribunal pourra lui accorder, sur les biens de l'autre époux, une pension alimentaire qui ne pourra excéder le tiers des revenus de cet autre époux ; cette pension sera révocable dans le cas où elle cesserait d'être nécessaire.

302. — Les enfants seront confiés à l'époux qui a obtenu le divorce, à moins que le tribunal, sur la demande de la famille, ou du ministère public, n'ordonne, pour le plus grand avantage des enfants, que tous ou quelques-uns d'eux seront confiés aux soins, soit de l'autre époux, soit d'une tierce personne.

303. — Quelle que soit la personne à laquelle les enfants seront confiés, les père et mère conserveront respectivement le droit de surveiller l'entretien et l'éducation de leurs enfants, et seront tenus d'y contribuer à proportion de leurs facultés.

304. — La dissolution du mariage par le divorce admis en justice ne privera les enfants nés de ce mariage d'aucun des avantages qui leur étaient assurés par les lois, ou par les conventions matrimoniales de leurs père et mère ; mais il n'y aura d'ouverture aux droits des enfants que de la même manière et dans les mêmes circonstances où ils se seraient ouverts, s'il n'y avait pas eu de divorce.

305. — Dans le cas de divorce par consentement mutuel, la propriété de la moitié des biens de chacun des deux époux sera acquise de plein droit, du jour de leur

première déclaration, aux enfants nés de leur mariage ; les père et mère conserveront néanmoins la jouissance de cette moitié jusqu'à la majorité de leurs enfants, à la charge de pourvoir à leur nourriture, entretien et éducation, conformément à leur fortune et à leur état ; le tout sans préjudice des autres avantages qui pourraient avoir été assurés aux dits enfants par les conventions matrimoniales de leurs père et mère.

CHAPITRE CINQUIÈME

DE LA SÉPARATION DE CORPS

306. — Dans les cas où il y a lieu à la demande en divorce pour cause déterminée, il sera libre aux époux de former une demande en séparation de corps.

307. — Elle sera intentée, instruite et jugée de la même manière que toute autre action civile ; elle ne pourra avoir lieu par le consentement mutuel des époux.

308. — La femme contre laquelle la séparation de corps sera prononcée pour cause d'adultère, sera condamnée par le même jugement, et sur la réquisition du ministère public, à la réclusion dans une maison de correction pendant un temps déterminé, qui ne pourra être moindre de trois mois ni excéder deux années.

309. — Le mari restera le maître d'arrêter l'effet

de cette condamnation, en consentant à reprendre sa femme.

310. — Lorsque la séparation de corps prononcée pour toute autre cause que l'adultère de la femme aura duré trois ans, l'époux qui était originairement défendeur, pourra demander le divorce au tribunal, qui l'admettra si le demandeur originaire, présent ou dûment appelé, ne consent pas immédiatement à faire cesser la séparation.

311. — La séparation de corps emportera toujours séparation de biens.

CHAPITRE TROISIÈME

Loi des 19-27 juillet 1884

Article premier. — La loi du 8 mai 1816 est abrogée.

Les dispositions du Code civil abrogées par cette loi sont rétablies, à l'exception de celles qui sont relatives au divorce par consentement mutuel, et avec les modifications suivantes, apportées aux articles 230, 232, 234, 235, 261, 263, 295, 296, 298, 299, 306, 307 et 310.

Art. 230. — La femme pourra demander le divorce pour cause d'adultère de son mari.

Art. 232. — La condamnation de l'un des époux à une peine afflictive et infamante sera pour l'autre époux une cause de divorce.

CHAPITRE DEUXIÈME

DE LA PROCÉDURE DU DIVORCE

Section I. — Des formes du divorce.

Art. 234. — La demande en divorce ne pourra être formée qu'au tribunal de l'arrondissement dans lequel les époux auront leur domicile.

Art. 235. — Si quelques-uns des faits allégués par l'époux demandeur donnent lieu à une poursuite criminelle de la part du ministère public, l'action en divorce restera suspendue jusqu'après la décision de la juridiction répressive : alors elle pourra être reprise sans qu'il soit permis d'inférer de cette décision aucune fin de non-recevoir ou exception préjudicielle contre l'époux demandeur.

Art. 261. — Lorsque le divorce sera demandé par la raison qu'un des époux est condamné à une peine afflictive et infamante, les seules formalités à observer consisteront à présenter au tribunal de première instance une expédition en bonne forme de la décision portant condamnation, avec un certificat du greffier constatant que cette décision n'est plus susceptible d'être réformée par les voies légales ordinaires. Le certificat du greffier devra être visé par le procureur général ou par le procureur de la République.

Art. 263. — L'appel ne sera recevable qu'autant qu'il aura été interjeté dans les deux mois à compter du jour de l\ signification du jugement rendu contradictoirement ou par défaut. Le délai pour se pourvoir à la Cour de cassation contre un jugement en dernier ressort sera aussi de deux mois à compter de la signification. Le pourvoi sera suspensif.

Section I. — Des mesures provisoires auxquelles peut donner lieu la demande en divorce.

(Comme au Code civil.)

. . . .

Section III. — Des fins de non-recevoir contre le divorce.

(Comme au Code civil.)

. . . .

CHAPITRE TROISIÈME

DES EFFETS DU DIVORCE

Art. 295. — Les époux divorcés ne pourront plus se réunir, si l'un ou l'autre a, postérieurement au divorce, contracté un nouveau mariage suivi d'un second divorce.

Au cas de réunion des époux, une nouvelle célébration du mariage sera nécessaire.

Les époux ne pourront adopter un régime matrimonial autre que celui qui réglait originairement leur union.

Après la réunion des époux, il ne sera reçu de leur part aucune nouvelle demande de divorce, pour quelque cause que ce soit, autre que celle d'une condamnation à une peine afflictive et infamante prononcée contre l'un d'eux depuis leur réunion.

Art. 296. - - La femme divorcée ne pourra se remarier que dix mois après que le divorce sera devenu définitif.

Art. 298. — Dans le cas de divorce admis en justice pour cause d'adultère, l'époux coupable ne pourra jamais se marier avec son complice.

Art. 299. — L'époux contre lequel le divorce aura été prononcé perdra tous les avantages que l'autre époux lui avait faits, soit par contrat de mariage, soit depuis le mariage.

CHAPITRE QUATRIÈME

DE LA SÉPARATION DE CORPS

Art. 306. — Dans le cas où il y a lieu à demande en divorce, il sera libre aux époux de former une demande en séparation de corps.

Art. 307. — Elle sera intentée, instruite et jugée de la même manière que toute autre action civile.

Art. 310. — Lorsque la séparation de corps aura duré trois ans, le jugement pourra être converti en jugement de divorce, sur la demande formée par l'un des époux.

Cette nouvelle demande sera introduite par assignation à huit jours francs, en vertu d'une ordonnance rendue par le président.

Elle sera débattue en chambre du conseil.

L'ordonnance nommera un juge rapporteur, ordonnera la communication au ministère public et fixera le jour de la comparution.

Le jugement sera rendu en audience publique.

Sont abrogés les articles 233, 275 à 294, 297, 305, 308 et 309 du Code civil.

Art. 2. — Le paragraphe ajouté à l'article 312 du Code civil par la loi du 6 décembre 1850 est modifié comme il suit :

« En cas de jugement ou même de demande soit de divorce, soit de séparation de corps, le mari pourra désavouer l'enfant qui sera né trois cents jours après la décision qui aura autorisé la femme à avoir un domicile séparé, et moins de cent quatre-vingts jours depuis le rejet définitif de la demande, ou depuis la réconciliation. L'action en désaveu ne sera pas admise s'il y a eu réunion de fait entre les époux. »

Art. 3. — La reproduction des débats sur les instances en divorce ou en séparation de corps est interdite sous peine de l'amende de 100 à 2,000 francs édictée par l'article 39 de la loi du 30 juilllet 1881

Art. 4.—*Dispositions transitoires*. Les instances en séparation de corps pendantes au moment de la promulgation de la présente loi pourront être converties par les demandeurs en instances de divorce. Cette conversion pourra être demandée même en Cour d'appel.

La procédure spéciale au divorce sera suivie à partir du dernier acte valable de la procédure en séparation de corps.

Pourront être convertis en jugements de divorce, comme il est dit à l'article 310, tous jugements de séparation de corps devenus définitifs avant ladite promulgation.

Art. 5. — La présente loi est applicable à l'Algérie et aux colonies de la Martinique, de la Guadeloupe et de la Réunion.

Le *Journal Officiel* du 3 septembre 1884 publie le décret suivant, en date du 25 août 1884 :

« La loi du 27 juillet 1884, portant rétablissement du divorce en France, est rendue applicable à la Guyane, au Sénégal, aux îles Saint-Pierre et Miquelon, aux établissements français de l'Inde, en Cochinchine, à la Nouvelle-Calédonie, aux établissements français de l'Océanie, à Mayotte, à Nossi-Bé, aux établissements français du golfe de Guinée. »

CHAPITRE QUATRIÈME

LOI DU 20 AVRIL 1886

SUR LA PROCÉDURE EN MATIÈRE DE DIVORCE
ET SÉPARATION DE CORPS

Article premier. — Les articles 234 à 252 et l'article 307 du Code civil sont remplacés par les dispositions suivantes :

(On trouvera pages 283 et suivantes ces articles dans leur texte actuel, c'est-à-dire les modifications introduites par la loi du 20 avril 1886.)

Art. 2. — Le paragraphe suivant est ajouté à l'article 310 :

« La cause en appel sera débattue et jugée en chambre du Conseil, sur rapport, le ministère public entendu. L'arrêt sera rendu en audience publique. »

Art. 3. — Le paragraphe ajouté à l'article 313 du Code

civil, par la loi du 6 décembre 1850, est modifié ainsi qu'il suit :

« En cas de jugement ou même de demande soit de divorce, soit de séparation de corps, le mari peut désavouer l'enfant né trois cents jours après la décision qui a autorisé la femme à avoir un domicile séparé et moins de cent quatre-vingts jours depuis le rejet définitif de la demande ou depuis la réconciliation,

» L'action en désaveu n'est pas admise s'il y a eu réunion entre les époux. »

Art. 4. — Sont abrogés les articles 253 à 274 du Code civil, l'article 881 du Code de procédure civile, les articles 2, 3 et 4 de la loi du 27 juillet 1884, et toutes les dispositions contraires à la présente loi.

Art. 5. — La présente loi est applicable à l'Algérie et aux colonies de la Martinique, de la Guadeloupe et de la Réunion.

Art. 6. — *Dispositions transitoires.* Les instances en séparation de corps pendantes au moment de la promulgation de la loi du 27 juillet 1884, peuvent être converties, par le demandeur, en instance de divorce.

Cette conversion peut être demandée même en cours d'appel.

La procédure spéciale de divorce sera suivie à partir du dernier acte valable de la procédure de séparation de corps.

Peuvent être convertis en jugements de divorce, comme il est dit en l'article 310 du Code civil, tous jugements de séparation de corps, antérieurs à la promulgation de la présente loi, devenus définitifs depuis trois ans.

Art. 7. — La présente loi s'appliquera aux instances de divorce commencées sous l'empire de la loi du 27 juillet 1884.

CODE CIVIL

DE LA DISSOLUTION DU MARIAGE

Art. 227. — Le mariage se dissout : 1° Par la mort de l'un des époux ; 2° Par le divorce légalement prononcé.

TITRE VI

DU DIVORCE

CHAPITRE PREMIER

DES CAUSES DU .DIVORCE

N. B. — Nous reproduisons les articles dans leur texte actuel, c'est-à-dire en tenant compte des modifications successivement introduites par les lois des 27 juillet 1884 et 20 avril 1886.

Art. 229. — Le mari pourra demander le divorce pour cause d'adultère de sa femme.

Art. 230. —La femme pourra demander le divorce pour cause d'adultère de son mari.

Art. 231. — Les époux pourront réciproquement demander le divorce pour excès, sévices ou injures graves de l'un d'eux envers l'autre.

Art. 232. — La condamnation de l'un des époux à une peine afflictive et infamante sera pour l'autre époux une cause de divorce.

Art. 233. — *Cet article relatif au divorce par consentement mutuel a été abrogé par l'article Ier de la loi du 27 juillet 1884.*

CHAPITRE DEUXIÈME

DE LA PROCÉDURE EN MATIÈRE DE DIVORCE ET DE SÉPARATION DE CORPS

Art. 234. — L'époux qui veut former une demande en divorce présente, en personne, sa requête au président du Tribunal ou au juge qui en fait fonctions.

En cas d'empêchement dûment constaté, le magistrat se transporte, assisté de son greffier, au domicile de l'époux demandeur.

En cas d'interdiction légale résultant d'une condamnation, la requête à fin de divorce ne peut être présentée par le tuteur que sur la réquisition ou avec l'autorisation de l'interdit.

Art. 235. — Le juge, après avoir entendu le demandeur et lui avoir fait les observations qu'il croit convenables, ordonne au bas de la requête que les parties comparaîtront devant lui au jour et à l'heure qu'il indique, et commet un huissier pour notifier la citation.

Art. 236. — Le juge peut, par l'ordonnance permettant de citer, autoriser l'époux demandeur à résider séparément en indiquant, s'il s'agit de la femme, le lieu de la résidence provisoire.

Art. 237. — La requête et l'ordonnance sont signifiées en tête de la citation donnée à l'époux défendeur trois jours au moins avant le jour fixé pour la comparution, outre les délais de distance, le tout à peine de nullité.

Cette citation est délivrée par huissier commis et sous pli fermé.

Art. 238. — Au jour indiqué, le juge entend les parties en personne ; si l'une d'elles se trouve dans l'impossibilité de se rendre auprès du juge, ce magistrat détermine le lieu où sera tentée la conciliation, ou donne commission pour entendre le défendeur : en cas de non-conciliation ou de défaut, il rend une ordonnance qui constate la non-conciliation ou le défaut et autorise le demandeur à assigner devant le Tribunal.

Le juge statue, à nouveau, s'il y a lieu, sur la résidence de l'époux demandeur, sur la garde provisoire des enfants, sur la remise des effets personnels, et il a la faculté de statuer également, s'il y a lieu, sur la demande d'aliments.

Cette ordonnance est exécutoire par provision ; elle est susceptible d'appel dans les délais fixés par l'article 809 du Code de procédure.

Par le fait de cette ordonnance, la femme est autorisée

à faire toutes procédures pour la conservation de ses droits et à ester en justice jusqu'à la fin de l'instance et des opérations qui en sont les suites.

Lorsque le Tribunal est saisi, les mesures provisoires prescrites par le juge peuvent être modifiées ou complétées au cours de l'instance, par jugement du Tribunal, sans préjudice du droit qu'a toujours le juge de statuer, en tout état de cause, en référé, sur la résidence de la femme.

Le juge, suivant les circonstances, avant d'autoriser le demandeur à citer, peut ajourner les parties à un délai qui n'excède pas vingt jours, sauf à ordonner les mesures provisoires nécessaires.

L'époux demandeur en divorce devra user de la permission de citer qui lui a été accordée, par l'ordonnance du président, dans un délai de vingt jours, à partir de cette ordonnance.

Faute par l'époux demandeur d'avoir usé de cette permission dans ledit délai, les mesures provisoires ordonnées à son profit cesseront de plein droit.

Art. 239. — La cause est instruite et jugée dans la forme ordinaire, le ministère public entendu.

Le demandeur peut, en tout état de cause, transformer sa demande en divorce en demande en séparation d corps.

Les demandes reconventionnelles en divorce peuvent être introduites par un simple acte de conclusions.

Les Tribunaux peuvent ordonner le huis clos.

La reproduction des débats par la voix de la presse, dans les instances en divorce, est interdite, sous peine de l'amende de 100 à 2000 francs, édictée par l'article 39 de la loi du 30 juillet 1881.

Art. 240. — Le Tribunal peut, soit sur la demande de l'une des parties intéressées, soit sur celle de l'un des membres de la famille, soit sur la réquisition du ministère public, soit même d'office, ordonner toutes les mesures provisoires qui lui paraissent nécessaires dans l'intérêt des enfants.

Il statue aussi sur les demandes relatives aux aliments pour la durée de l'instance, sur les provisions et sur toutes les autres mesures urgentes.

Art. 241. — La femme est tenue de justifier de sa résidence dans la maison indiquée toutes les fois qu'elle en est requise : à défaut de cette justification, le mari peut refuser la provision alimentaire et, si la femme est demanderesse en divorce, la faire déclarer non recevable à continuer ses poursuites.

Art. 242. — L'un ou l'autre des époux peut, dès la première ordonnance et sur l'autorisation du juge, donnée à la charge d'en référer, prendre pour la garantie de ses droits des mesures conservatoires, notamment réquérir l'apposition des scellés sur les biens de la communauté.

Le même droit appartient à la femme, même non commune, pour la conservation de ceux de ses biens dont le mari a l'administration ou la jouissance.

Les scellés sont levés à la requête de la partie la plus diligente ; les objets et les valeurs sont inventoriés et prisés ; l'époux qui est en possession en est constitué gardien judiciaire, à moins qu'il n'en soit décidé autrement.

Art. 243. — Toute obligation contractée par le mari à la charge de la communauté, toute aliénation par lui faite des immeubles qui en dépendent, postérieurement à la date de l'ordonnance dont il est fait mention en l'article 235, sera déclarée nulle s'il est prouvé d'ailleurs qu'elle a été faite ou contractée en fraude des droits de la femme.

Art. 244. — L'action en divorce s'éteint par la réconciliation des époux survenue, soit depuis les faits allégués dans la demande, soit depuis cette demande.

Dans l'un et l'autre cas, le demandeur est déclaré non recevable dans son action ; il peut néanmoins en intenter une nouvelle pour cause survenue ou découverte depuis la réconciliation et se prévaloir des anciennes causes à l'appui de sa nouvelle demande.

L'action en divorce s'éteint également par le décès de l'un des époux survenu avant que le jugement soit devenu irrévocable par la transcription sur les registres de l'état civil.

Art. 245. — Lorsqu'il y a lieu à enquête, elle est faite conformément aux dispositions des articles 252 et suivants du Code de procédure civile.

Les parents, à l'exception des descendants, et les domestiques des époux peuvent être entendus comme témoins.

Art. 246. — Lorsque la demande en divorce a été formée pour toute autre cause que celle qui est prévue par l'article 232, le Tribunal, encore que cette demande soit bien établie, peut ne pas prononcer immédiatement le divorce.

Dans ce cas, il maintient ou prescrit l'habitation séparée et les mesures provisoires pendant un délai qui ne peut excéder six mois.

Après le délai fixé par le Tribunal, si les époux ne sont pas réconciliés, chacun d'eux peut faire citer l'autre à comparaître devant le Tribunal dans le délai de la loi pour entendre prononcer le jugement de divorce.

Art. 247. — Lorsque l'assignation n'a pas été délivrée à la partie défenderesse en personne et que cette partie fait défaut, le Tribunal peut, avant de prononcer le jugement sur le fond, ordonner l'insertion dans les journaux d'un avis destiné à faire connaître à cette partie la demande dont elle a été l'objet.

Le jugement ou l'arrêt qui prononce le divorce par déaut est signifié par huissier commis.

Si cette signification n'a pas été faite à personne, le président ordonne, sur simple requête, la publication du jugement par extrait dans les journaux qu'il désigne. L'opposition est recevable dans le mois de la signification, si elle a été faite à personne, et, dans le cas contraire, dans les huit mois qui suivront le dernier acte de publicité.

Art. 248. — L'appel est recevable pour les jugements contradictoires dans les délais fixés par les articles 443 et suivants du Code de procédure civile.

S'il s'agit d'un jugement par défaut, le délai ne commence à courir qu'à partir du jour où l'opposition n'est plus recevable.

En cas d'appel, la cause s'instruit à l'audience ordinaire et comme affaire urgente.

Les demandes reconventionnelles peuvent se produire en appel, sans être considérées comme demandes nouvelles.

Le délai pour se pourvoir en cassation court du jour de la signification à partie, pour les arrêts contradictoires ; et, pour les arrêts par défaut, du jour où l'opposition n'est plus recevable.

Le pourvoi est suspensif.

Art. 249. — Le jugement ou l'arrêt qui prononce le divorce n'est pas susceptible d'acquiescement.

Art. 250. — Extrait du jugement ou de l'arrêt qui prononce le divorce est inséré aux tableaux exposés tant dans l'auditoire des Tribunaux civils et de commerce que dans les chambres des avoués et des notaires.

Pareil extrait est inséré dans l'un des journaux qui se publient dans le lieu où siège le Tribunal, ou, s'il n'y en a pas, dans l'un de ceux qui se publient dans le département.

Art. 251. — Le dispositif du jugement ou de l'arrêt est transcrit sur les registres de l'état civil du lieu où le mariage a été célébré.

Mention est faite de ce jugement ou arrêt en marge de l'acte de mariage, conformément à l'article 49 du Code civil. Si le mariage a été célébré à l'étranger, la transcription est faite sur les registres de l'état civil du lieu où les époux avaient leur dernier domicile, et mention est faite en marge de l'acte de mariage s'il a été transcrit en France.

Art. 252. — La transcription est faite à la diligence de la partie qui a obtenu le divorce ; à cet effet, la décision est signifiée, dans un délai de deux mois à partir du jour où elle est devenue définitive, à l'officier de l'état civil compétent pour être transcrite sur les registres. A cette signification, doivent être joints les certificats énoncés en l'article 548 du Code de procédure civile et, en outre, s'il y a eu arrêt, un certificat de non-pourvoi.

Cette transcription est faite par les soins de l'officier de l'état civil, le cinquième jour de la réquisition, non compris les jours fériés, sous les peines édictées par l'article 50 du Code civil.

A défaut, par la partie qui a obtenu le divorce, de faire la signification dans le premier mois, l'autre partie a le droit, concurremment avec elle, de faire cette signification dans le mois suivant.

A défaut par les parties d'avoir requis la transcription dans le délai de deux mois, le divorce est considéré comme nul et non avenu.

Le jugement dûment transcrit remonte, quant à ses effets entre époux, au jour de la demande,

Art. 253. — *Les articles 253 à 274 du Code civil ont été abrogés par l'art. 4 de la loi du 20 avril 1886. Il en est de même de l'article 881 du Code de procédure civile.*

CHAPITRE TROISIÈME

DU DIVORCE PAR CONSENTEMENT MUTUEL

Art. 275. — *Les articles 275 à 294 concernant le divorce par consentement mutuel ont été abrogés par l'article Ier, § 3 de la loi du 27 juillet 1884.*

CHAPITRE QUATRIÈME

DES EFFETS DU DIVORCE.

Art. 295. — Les époux divorcés ne pourront plus se réunir, si l'un ou l'autre a, postérieurement au divorce, contracté un nouveau mariage suivi d'un second divorce. Au cas de réunion des époux, une nouvelle célébration du mariage sera nécessaire.

Les époux ne pourront adopter un régime matrimonial autre que celui qui réglait originairement leur union.

Après la réunion des époux, il ne sera reçu de leur part aucune nouvelle demande de divorce, pour quelle cause que ce soit, autre que celle d'une condamnation à une peine afflictive et infamante prononcée contre l'un d'eux depuis leur réunion.

Art. 296. — La femme divorcée ne pourra se remarier que dix mois après que le divorce sera devenu définitif.

Art. 297. — *Cet article spécial au divorce par consentement mutuel a été abrogé par l'article Iᵉʳ, § 3 de la loi du 27 juillet 1884.*

Art. 298. — Dans le cas de divorce admis en justice pour cause d'adultère, l'épouse coupable ne pourra jamais se marier avec son complice.

Art. 299. — L'époux contre lequel le divorce aura été prononcé perdra tous les avantages que l'autre époux lui avait faits, soit par contrat de mariage, soit depuis le mariage.

Art. 300. — L'époux qui aura obtenu le divorce conservera les avantages à lui faits par l'autre époux, encore qu'ils aient été stipulés réciproques et que la réciprocité n'ait pas lieu.

Art. 301. — Si les époux ne s'étaient fait aucun avantage ou si ceux stipulés ne paraissaient pas suffisants pour assurer la subsistance de l'époux qui a obtenu le divorce, le tribunal pourra lui accorder, sur les biens de l'autre époux, une pension alimentaire qui ne pourra excéder le tiers des revenus de cet autre époux. Cette pension sera révocable dans le cas où elle cesserait d'être nécessaire.

Art. 302. — Les enfants sont confiés à l'époux qui a obtenu le divorce, à moins que le tribunal, sur la demande de la famille ou du ministère public, n'ordonne, pour le plus grand avantage des enfants que tous ou quelques-uns d'eux seront confiés aux soins soit de l'autre époux, soit d'une tierce personne.

Art. 303. — Quelle que soit la personne à laquelle les enfants seront confiés, les père et mère conserveront respectivement le droit de surveiller l'entretien et l'éducation de leurs enfants et seront tenus d'y contribuer à proportion de leurs facultés.

Art. 304. — La dissolution du mariage par le divorce admis en justice ne privera les enfants nés de ce mariage d'aucun des avantages qui leur étaient assurés par les lois ou par les conventions matrimoniales de leurs père et mère ; mais il n'y aura d'ouverture aux droits des enfants que de la même manière et dans les mêmes circonstances où ils se seraient ouverts s'il n'y avait pas eu de divorce.

Art. 305. — *Cet article a été abrogé par l'article 1er § 3 de la loi du 27 juillet 1884. Il était spécial au divorce par consentement mutuel.*

CHAPITRE CINQUIÈME

DE LA SÉPARATION DE CORPS.

Art. 306. — Dans le cas où il y a lieu à demande en divorce, il sera libre aux époux de former demande en séparation de corps.

Art. 307. — La séparation de corps sera intentée, instruite et jugée de la même manière que toute autre action civile ; néanmoins les articles 236 à 244 lui seront applicables : elle ne pourra avoir lieu par le consentement mutuel des époux.

Le tuteur de la personne judiciairement interdite peut, avec l'autorisation du conseil de famille, présenter la requête et suivre l'instance à fin de séparation.

Art. 308. — *Cet article a été abrogé par l'article* 1er *§ 3 de la loi du* 27 *juillet* 1884.

Art. 309. — *Même observation que pour l'article* 308.

Art. 310. — Lorsque la séparation de corps aura duré trois ans, le jugement pourra être converti en jugement de divorce, sur la demande formée par l'un des époux.

Cette nouvelle demande sera introduite par assignation, à huit jours francs, en vertu d'une ordonnance rendue par le Président.

Elle sera débattue en chambre du conseil.

L'ordonnance nommera un juge rapporteur, ordonnera

la communication au ministère public et fixera le jour de la comparution.

Le jugement sera rendu en audience publique [1].

La cause en appel sera débattue et jugée en chambre du conseil, sur rapport, le ministère public entendu. L'arrêt sera rendu en audience publique [2].

Art. 311. — La séparation de corps emportera toujours séparation de biens.

Art. 312. — L'enfant conçu pendant le mariage a pour père le mari.

Néanmoins celui-ci pourra désavouer l'enfant s'il prouve que pendant le temps qui a couru depuis le trois centième jour au cent quatre-vingtième jour avant la naissance de cet enfant il était, soit par cause d'éloignement, soit par l'effet de quelque accident, dans l'impossibilité physique de cohabiter avec sa femme.

Art. 313. — Le mari ne pourra, en alléguant son impuissance naturelle, désavouer l'enfant : il ne pourra le désavouer, même pour cause d'adultère, à moins que la naissance ne lui ait été cachée, auquel cas il sera admis à proposer tous les faits propres à justifier qu'il n'en est pas le père.

En cas de jugement ou même de demande soit de divorce, soit de séparation de corps, le mari peut désavouer l'enfant né trois cents jours après la décision qui a autorisé la femme à avoir un domicile séparé, et moins de cent quatre-vingts jours depuis le rejet définitif de la demande ou depuis la réconciliation.

1. Ainsi modifié par la loi du 27 juillet 1884.

2. Ce paragraphe a été ajouté à l'article 310 par la loi du 20 avril 1886.

L'action en désaveu n'est pas admise s'il y a eu réunion de fait entre les époux [1].

1. Ces deux derniers paragraphes ajoutés à l'article 313 par la loi du 6 décembre 1850 ont été ainsi modifiés par la loi du 20 avril 1886.

FIN DE LA DEUXIÈME PARTIE.

TABLE DES MATIÈRES

DEUXIÈME PARTIE. — *Législation du Divorce et de la Séparation de corps en France.*

Imprimerie générale de Châtillon-sur-Seine. — M. PÉPIN.

www.ingramcontent.com/pod-product-compliance
Lightning Source LLC
Chambersburg PA
CBHW051516050726
47595CB00002B/340